失落的渤海古国

林 攀 编著

華齡出版社

责任编辑：苏　辉　闫　丽
装帧设计：刘苗苗
责任印制：李未圻

图书在版编目（CIP）数据

失落的渤海古国/林攀编著．—北京：华龄出版社，2010.1
（寻找古国系列丛书）
ISBN 978-7-80178-597-8

Ⅰ.①失…　Ⅱ.①林…　Ⅲ.①渤海（古族名）-民族历史
Ⅳ.①K289

中国版本图书馆 CIP 数据核字（2010）第 011344 号

书　　名：失落的渤海古国
作　　者：林　攀　编著
图片提供：万象图库
出版发行：华龄出版社
印　　刷：三河科达彩色印装有限公司
版　　次：2010 年 1 月第 1 版　　2011 年 10 月第 4 次印刷
开　　本：710×1000　1/16　　印　　张：9
字　　数：61 千字　　印　　数：15 001～18 000 册
定　　价：20.00 元

地　　址：北京西城区鼓楼西大街 41 号　　邮编：100009
电　　话：84044445（发行部）　　传真：84039173

前　言

人类的历史中曾经有过多次的失落：失落的玛雅、失落的亚特兰蒂斯、失落的巴比伦、失落的非洲……失落是一种空虚、一种无法言喻的疼痛，就像截肢，伤口明明已经愈合，但你却知道有一部分的自己，已经永远不存在了。那些失落的文明，有的失落于兵戈铁马武力的征服，如毁于阿摩利人与埃兰人的践踏的苏美尔城邦；有的失落于一场谁也无法预知谁也无法控制的灾难，如被火山喷发所吞噬埋葬的庞贝古城。

渤海国文明亦是毁于一场大火。公元926年，契丹人兵临城下，不到半月便攻陷了整个渤海国。从发展程度来讲，早已进入农耕时代并且有着完善的封建制度的渤海国，是高于仍处于游牧时代的契丹人的。但历史就是这么的无情，往往不是高等的文明征服了次等的文明，而是野蛮的号角铁蹄战胜了知书达理的文质彬彬。

我在想象当时那些还是以马背为家的征服者们进入那座号称当时东亚第二大都市的渤海首都时的感受：惊讶？羡慕？嫉妒？抑或是愤怒？他们绝对有愤怒的理由——一座座宫殿院阁，一条条街衢纵横，都似乎在不怀好意地嘲笑着征服者，征服者可以销毁一个城市一个国家的所有武装，却无法消灭那来自文明本身的骄傲！

渤海的都城里涌动着一股强烈的蔑视与反叛的情绪，只要这座城还在，这一国家这一文明的心脏便仍能跳动。

契丹人一定是被那种无比的轻蔑激怒以致发了狂，三年后，他们终于忍受不了，将渤海人赶出了家园，然后，他们开始放火，他们要把渤海的京城府邑全都焚毁，要渤海国同渤海人永远永远地安于沉寂的灰烬。大火足足烧了半个多月，渤海 200 多年的文明在烈焰中燃

上京龙泉府玄武湖

烧着。今天的考古工作者在清理遗址时不断地发现一些被烧粘在一起的砖瓦和石块，可见当时情状的惨烈。从此，渤海的遗体安静地躺在这绝寒苦寒之地，一睡便是700年。

文明已经失落，唯有血泪斑斑的历史同断砖碎瓦的遗迹留了下来。在以千年计的岁月摧残下，可能是昔日

曾代表人类文明极峰的古城，只落得东一堆西一堆略高于地面、难以辨认的土堆。我曾经一次又一次地怀疑凭着这点遗产去想象一座城市、一个国家的徒劳无益，也曾经嘲笑那些在饱经沧桑的遗迹上出于商业目的兴建起来的各种抄袭古人的劣质品，但当我真的进入这个重建的世界时，当我真的立于那些仿造出来的亭台楼阁时，突然有一刹那的失神：不知今夕何夕？而我，又身在何处？

我在历史中旅行着，在旅行中品味历史，又或许，那并非是一种品味，而是一种重构，一场属于个人的重构，一个同时存在于过去与未来的梦想。书，还在手中，路在脚下！

目　录

第一编　发现渤海国

第二编　渤海建国历程

第三编　游历渤海国

第四编　随风而逝的文明

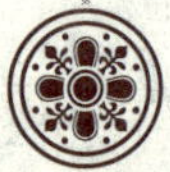

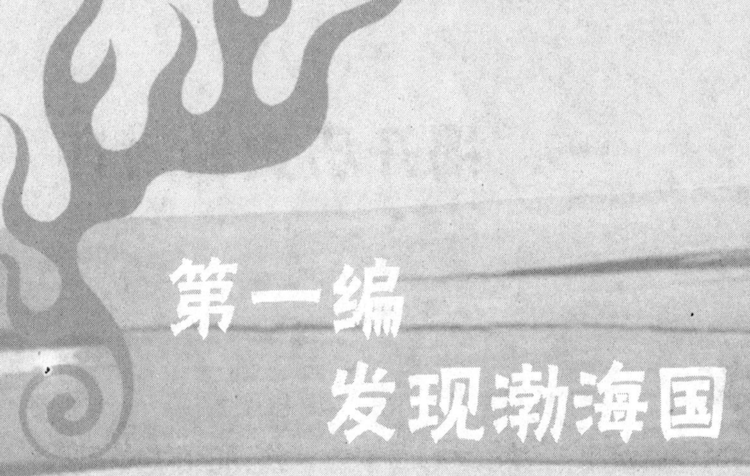

第一编
发现渤海国

一、揭开历史的封印

唤醒“沉睡”的古城——流犯的发现

清朝初年，一些士人官宦因“文字狱”冤案被流放到黑龙江边塞宁古塔（今宁安）。从顺治十二年到乾隆初年的将近 90 年间里，因南、北闱科场案而被流放的中原士人、官宦多达数十人。这其中包括吴兆骞和方拱乾父子，以及张缙彦、杨越和张贲等。他们是目前我们所知道的最早发现渤海国上京龙泉府遗址的人。

最早被流放到宁古塔的陈嘉猷、彭长庚和许尔安等，对“古大城”没有留下什么记录。稍后的吴兆骞、方拱乾、钱

宁古塔位置图

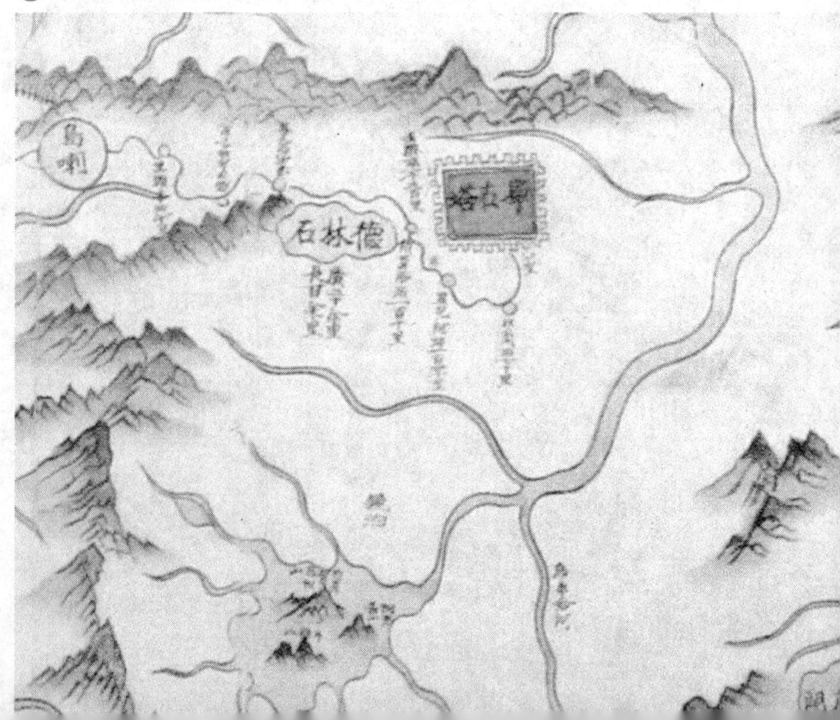

五凤楼上柱础

德惟和张缙彦等都对“古大城”做过实地调查。特别是吴兆骞、方拱乾等人，他们可谓是最早对渤海上京城进行考古调查的学者。公元 1660 年，吴兆骞、方拱乾等人从宁古塔旧城（今黑龙江海林旧街）出发，经过 150 多里的长途跋涉来到“古大城”址访古探胜。第二年秋，吴兆骞又先后两次到“古大城”调查游访，后来他将自己探访“古大城”的心得写入《天东小记》一书。张缙彦在宁古塔几乎走遍其附近的山山水水，后撰写了有关宁古塔附近山水的著述《宁古塔山水记》和《域外集》，里面有专门介绍上京城址的文字。清康熙九年（公元 1670 年），遣戍宁古塔的张贲，也对“古大城”做过踏查探胜，后撰写《白云集》。杨越之子杨宾到戍所省亲时，也曾前往“古大城”揽胜，撰写了《柳边纪略》一书，详细地记述了在“古大城”的见闻，而且还有详细的考说。

这群刚刚被文明放逐了的读书人，垂头丧气满怀失落地来到了这个偏僻的边塞，可突然间他们竟在这个“蛮荒之地”发现了规模与当时的北京城相仿的古代城市遗址，他们当时的表情一定相当错愕吧？那些倾颓的宫阙殿台以及耸然而立的浮图石塔、残断的石雕碑碣和长满苔藓的巨大石佛，激起了他们探索的兴趣和欲望，也给他们黑夜般难熬的流放生活带来一丝光亮。所以他们才一次又一次地去探访考察，

上京龙泉府第一号宫殿址

但是，这些饱读圣贤书、熟谙中国历史的流犯们，还是怎么也想不出这究竟是古代的哪座城市？

他们中不少人认为这是金代的会宁府，但是却不敢肯定，所以一时间，这座城址有了各种各样的称呼。有的人直接称之为“古大城”，有人则叫它为“火茸城”、“沙阑城”，还有人干脆采用当地人的称呼 “东京城”。后来，东京城一名逐渐被多数人接受并采用，成为清初著录上京龙泉府遗址的主要用名，而“古大城”在一些文献里也留下记录。不过，它到底是哪一朝代都城的城址的问题并未真正得以解决。

清初遣戍宁古塔的流犯们虽然并没有真正弄清楚“古大城”的历史渊源，但他们把已湮没无闻的古代都城遗墟介绍给世人，从而使沉睡几百年的渤海古都遗址重新出现在时人著书中，并逐渐广为人知了，其功绩也是绝对不容忽视的。

民国年间的渤海考古热

经过后继学者们的不懈努力，终于在清末确定，“古大

上京龙泉府第一号宫殿西一条“驰道”

城”既不是金的上京城，也不是金的北京，而是渤海国都城上京龙泉府遗址。如果说此前的渤海历史研究只限于文献记载，而其考古尚在迷茫中的话，那么上京龙泉府遗址的确定，使渤海的历史研究真正同遗迹、遗物结合了。

上京龙泉府的确定，也使得民国年间（20 世纪初到 20 世纪 40 年代）掀起了一股渤海考古热。然而，在这场考古热中唱主角的不是中国人自己，而是日本人。

20 世纪初，日本人在东北亚地区的势力猛涨，气焰嚣张，在渤海考古上自然也不会落于人后。他们多次非法进入中国进行掠夺性考古。

东北沦陷后，以原田淑人、池内宏等为首的日本东亚考古学会发掘队，开始发掘渤海上京龙泉府的宫殿遗址。这次发掘取得重大收获，人们对渤海遗迹、遗物，特别是上京城宫殿址有了更清楚的认识和了解，也促使日本的渤海热升温，并持续下去。发掘结束 5 年后，出版了这次发掘的专题研究报告《东京城——渤海上京龙泉府址的调查发掘》。

上京龙泉府遗址碑，原是日本侵略者修的忠魂碑

在这股渤海热的影响下，不少人抱着寻宝猎奇的心态到渤海遗迹上考古。1928 年前后，由 8 个国家侨民组成的哈尔滨外国侨民会也组织了一次对渤海三灵坟的考察。但由于三灵坟早就被盗了，他们的这次考察可以说是一无所获。

因为考古资料的大量出现，也使得曾经存在于云雾中的渤海历史渐渐清晰。一批研究渤海历史的著作纷纷涌现。如唐晏的《渤海国志》，黄维翰的《渤海国记》，和金毓黻的《渤海国志长编》。

1934 年日本在山海关附近设立的伪“满洲国”界碑

上京龙泉府宫墙遗迹

上京龙泉府宫殿遗迹

上京龙泉府宫殿复原鸟瞰图

从三号宫殿望向四号宫殿遗址，两殿中间设有敞庭

二、雕栏玉砌应犹在
——上京风情

历史中的上京龙泉府

上京龙泉府，为渤海国的五京之一，因位置偏北故称上京，又因西邻忽汗河（牡丹江），而被称为忽汗城或忽汗王城。上京龙泉府是渤海国最大的城市，同时也是当时东亚地区除长安以外的最大的城市。渤海国历史上曾五次迁都，而以上京龙泉府为都时间最长，前后共达160余年。

南门城楼

上京龙泉府地处南北水陆要冲，南邻镜泊湖，东、西、北三面为牡丹江所环绕，整个城市坐落在东京城盆地的冲击平原上。据说，当年由于渤海国的日益发展，原先位于敦化敖东的都城由于四面环山、耕地狭小渐渐地不太适合做首都了，于是国王派出星象风水术士四处寻找一个可以建立百年基业的风水宝地。当这一大帮子人风尘仆仆地来到上京所在的地区时，看到“石头甸子的泡子内藏有巨鱼，涌出水面，高三丈余，大鱼出时，众鱼皆浮水面”，他们纷纷认定这种叫不出名字的巨鱼就是传说中的“龙”，然后赶紧回去向国王汇报。渤海国国王听闻这里是龙兴之地，再加上这一地区的确各方面条件都不错，便下定决心将都城迁到了这里。

上京龙泉府南垣西侧门

事实上，这里也的确可称得上是风水宝地，从自然风光来看，山峦青翠，绿水长流，风光秀丽，景色宜人，三百多年前，张贲在《东京记》中写道：上京城之“西南十余里有长溪（指今牡丹江的一部分流段），芰荷菱芡产焉。夏秋之交，芙蕖红敷数十里，灿若六锦，翠鸟野凫迴翔上下，土人荡小舟采莲，浮游如画。缘溪而上三四十里，（有）瀑布，土人曰水海，水声砰訇，闻数里，不知源所出也……盖松花江以东风土形胜之美，莫若东京云”。

上京府的冬季寒冷漫长，夏季短促温暖且降水集中，较为适宜粮食作物的生长；镜泊火山爆发后，沉积的火山灰，更使土地异常肥沃。这些对以农业经济为主体的社会来说，是至关重要的。上京遗址附近出产的“响水大米”一直作为贡米而闻名全国，现在仍是人民大会堂国宴专用米。

上京龙泉府南垣东侧门

在唐朝时期，上京的交通也相当便利。以上京龙泉府为中心，向北可沿忽汗河顺流而下到达德里镇（今黑龙江省依兰县），再由德里镇沿那河（今松花江）向东北直抵黑水都督府所在地渤利州（今俄罗斯哈巴罗夫斯克），是唐朝与黑水靺鞨往来的必经之地，向南可经鸭绿朝贡道、营州道与唐朝往来，经新罗道和日本道分别与新罗和日本往来，向西可经扶余府（今吉林省农安县）与契丹往来。

渤海五京

渤海的五京即上京龙泉府、中京显德府、东京龙原府、西京鸭绿府和南京南海府。渤海以京城为都者有三地，即中京、上京和东京。渤海最初的都城是“旧国”，把它也算入内的话，做过渤海国都的地方共有五处。

1.上京

上京城究竟建于何时？史书上并无明确的记载，一般认为上京城大约建于 8 世纪 30 年代前后。据《新唐书·渤海传》记载，天宝末年渤海国文王大钦茂迁都于此。之后又曾短期迁都东京龙原府（珲春八连城），后再迁回上京龙泉府。

上京城发展的最鼎盛时期，是渤海十一世王大彝震时期。大彝震是一个雄心勃勃的国君，他继位后，“拟建宫阙”，增筑宫室，处处向唐都长安看齐，这才有了上京龙泉府后来的格局。

公元833年，曾有一位叫做张建章的小官被唐幽州府派遣，以流州（今河北省河间县）司马的名义赴忽汗州（即渤海国）拜访。公元834年秋，张建章到达上京城，受到渤海国王大彝震的盛情款待，并获准在渤海国内四处游览观光。公元834年冬至835年春，张建章在上京将他的渤海见闻写成了《渤海记》一书，书中“备尽岛夷风俗、宫殿、官员，当代侍之”。公元835年8月，张建章回到幽州。张建章离开上京时，渤海国王大彝震曾赠给他各种“丰货、宝器、名马、文革”来为他饯行。张建章是迄今人们在文献记载中发现的最早对渤海上京进行访问的人，如果他的这本《渤海记》能保留下来的话，也许能够为我们提供第一手的有关上京府的感性材料，可惜的是，该书早已佚失，现在我们只能站在一座废墟上遥想当年上京府的盛况了。

东北原野

从我们现在所能看到的遗址来看，上京龙泉府几乎是完全依照唐都长安城的模式营建而成的。它平面呈长方形，东西约 4.68 公里，南北约 3.47 公里，周长近 16.3 公里，面积至少有 16 平方公里以上。这样的一个大都市，在 1200 多年前的“荒蛮之地”，真可谓是一大奇迹。

根据考古人员的钻探，我们得知，上京龙泉府的城市布局采取了三城环套的形式，由外城、内城（包括内苑）和宫城三部分组成，与唐长安城由郭城、皇城和宫城三大部分组成的格局大致上是一样的。

上京龙泉府“御花园”禁苑人工湖遗迹

上京城外城的墙垣主要是用土筑成的，相当结实。从遗址来看，东、西、南三面城墙几乎是直的，只有北墙中间有一部分略向北突出。城墙外侧还有护城河。外城城墙总长 16296.5 米，共有 10 门，南北各 3 门，东西各 2 门，门道以石块铺筑。从现存的城西北角的角楼遗址来看，估计城的四角还设有担负守城任务的角楼。外城内有东西主要大街 2 条、南北大街 3 条，直接与外城各门相通。各条大街纵横交汇，构成规整的长方形“里坊”，各坊有墙，墙外侧与街相

连，这些“里坊”就是当时的手工作坊和商业店铺了。上京龙泉府全城一共约有 80 多坊，只比最大的城市长安城少 20 多座。每坊各成一格，齐整雅观。

上京龙泉府内城在外城内的正北部，刚好将宫城包围住。内城大致上也可以分为东西二区，东部中区是禁苑，如今它的一部分已被遗址博物馆占用；西区现在是耕地，部分地区也被占作他用，这里目前为止还没有发现任何的遗物。两区之间是一个非常平坦开阔的广场，以前大概是渤海国统治者举行外朝的地方，现在也已经是田地了。

渤海上京遗址博物馆

内城里很少有高大的建筑台基，只有西区的一处长方形高大台基（现在上面已建烈士碑）例外。它长约三四十米，高出地面约 3 米，当地群众纷纷传说这就是渤海国以前的“点将台”，相传渤海国王每次巡猎出征就是在这里点将阅兵的。

宫城是一座城中之城，它位于外城北部居中的位置，南

渤海宫殿遗址

北 720 米，东西 620 米，城墙现余残高 3 ~ 4 米，地基宽 6 ~ 8 米。与外城城墙不同，宫城的墙全部是用玄武岩砌筑而成，光是地下的石筑基础就有 2 米深，地上墙宽约 3.5 米，高度则大概在 5 米，可见一定是非常雄伟的了。宫城四面设门，城外还有宽约 2.5 米、深约 2 米的护城河。城内分中东西北 4 区。在宫城中轴线上自南向北排列着五重宫殿，这就是俗称的五重殿了。前二殿规模最大，两侧设廊庑，是渤海国举

宫城内第二殿东侧古井

行朝会和典礼的地方。后三殿规模略小，应该是寝殿。其他各区内墙垣纵横，将宫城也分成了若干院落，现内有建筑遗址，不过规模要小得多了，应该是嫔妾、内侍们的住所，以及厨房、仓库之类的地方。

1999 年 7 月 ~10 月间，我国的考古人员又对上京龙泉府宫城遗址的核心位置进行了大规模发掘。发掘结果表明，处于此位置的一处宫殿无论布局结构还是建筑风格，都与唐都长安大明宫的金銮殿、含元殿酷似；而从其规模分析，它也应该是渤海国君主与群臣百官日常议政之地。但在一些建筑细节上，它有所创新，如陶制的殿阶螭首，石条拼摆图案而成的殿基散水，均工艺精美，填补了我国建筑史的空白。考古人员还在此发掘出了一批珍贵文物，其中包括大量写有汉字的瓦片，表明渤海王朝在朝堂上使用的基本为汉字。另外还有一尊鎏金铜佛。而佛教当时也正备受唐朝的推崇，盛极一时。更令人鼓舞的是，此地还出土了两块百官排序之用的砖制版位，上面楷书字体的“四品”和“四位”字样，表明渤海国借鉴模仿了唐的典章制度。据查寻中国已发表的考古

八宝琉璃井是渤海国国王的饮水用井，历经千年不涸

资料，这种版位实物的出土，在国内尚属首次。

2.中京

渤海中京显德府是其较早为都之地，大钦茂就是由此迁都上京的。近来学者们普遍认为，吉林和龙西古城就是中京显德府的故址。

西古城又名北古城，位于和龙西城镇古城村头道平川西南。西古城平面呈长方形，城墙为土筑，南北长720米，东西宽630米，占地面积45万平方米。

3.东京

根据史料的记载，东京龙原府位于上京以东偏南近海的珲春盆地之中，是渤海近海的大城市，为通往日本的要道。《辽史·地理志》称：东京龙原府“有宫殿，垒石为城，周二十里”。

关于东京的所在地，国内外学者还有不少的争议。有人认为东京故城在图们江右岸或绥芬河流域，但多数学者认为今吉林珲春境内的八连城即为东京龙原府故城。

八连城城址在今珲春市国营良种场内，东距珲春6公里，西距图们江2.5公里。八连城平面略呈方形，地势平坦开阔，北墙长712米，南墙长701米，东墙长746米，西墙长735米。

4.南京

《辽史·地理志》记载，原渤海南京南海府“垒石为城，幅员九里”，是有一定规模的渤海大城市之一。南京南海府是渤海“新罗道”起始点，邻近新罗。南海府是渤海较早建置的京府之一。据史料记载，渤海文王大钦茂时派遣前往日本的使团，有一次就是从南海府启航的，可见，最晚在文王中期就有南京南海府了。

关于渤海的南京南海府所在地，已有学者从文献考证出大体位于今朝鲜咸镜南、北两道境内，但具体位置不详。

5.西京

西京鸭绿府，位于上京龙泉府以南偏西的鸭绿江流域，府名也由此得来。它“城高二丈，广轮二十里”。其具体位

鸭绿江两岸也是渤海国的疆域

置学者们已经基本确定，只是城址尚未发现。

西京鸭绿府地处鸭绿江流域，是渤海开发较早的经济文化比较发达的地区之一。

除了以上所介绍的五京五府之外，渤海还有十府，即长岭府、扶余府、鄚颉府、定理府、安边府、率宾府、东平府、铁利府、怀远府和安远府，合为“五京十五府”。

渤海建筑艺术

从已出土的各种遗迹文物来看，渤海时期的建筑艺术已经达到很高的水平。

宫殿建筑：渤海宫殿遗址的台基，高大方正，在土筑的台基下，还设有“土衬石”，土衬石外侧设有砖砌散水，台基上面分布整齐的大型石柱础，有的柱础上还留有绿釉的柱围。墙一般也以土砌成，以青瓦或釉瓦铺顶，墙外涂一层泥帐，然后以白灰涂其内壁。在光滑的白灰壁上，有的还留有彩绘壁画的痕迹。有的墙壁上还镶嵌有花纹砖。

寺庙建筑：目前仅在上京龙泉府就发掘出了三处寺庙遗址，其中尤以朱雀大街东侧第一列第二坊内的寺庙遗址最为

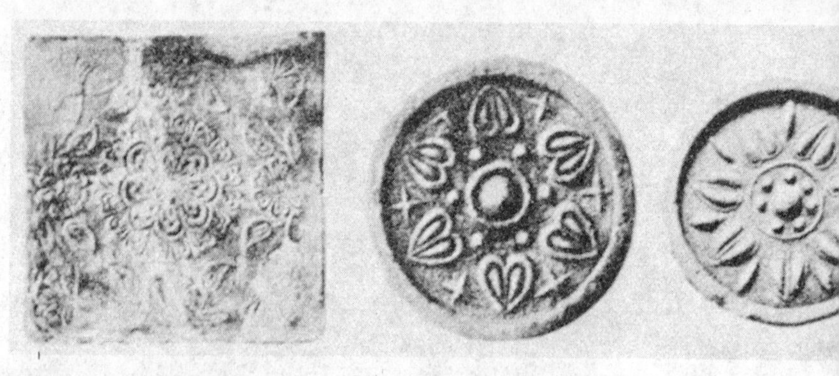

渤海国的瓦当，有宝相花纹砖、莲花瓦当等

典型。它由主殿、穿廊、二侧室组成。遗址上发现了不少美丽匀称的莲瓣纹瓦当，还有施有绿釉的鸱尾、兽头、宝珠，与山西五台山现存的唐代寺庙建筑上的装饰物式样相似。

“二十四块石”：在渤海建筑址中，还有一处相当特殊的建筑式遗址，即二十四块石建筑址。江东“二十四块石”遗址是最早被发现的一处。它位于敦化城东南的一处山坡上，由 24 块玄武岩的大石头组成，24 块石南北排列，共分 3 行，每行 8 块，现在只剩下 23 块。这叫人不禁想起了英国神秘的大石阵。每块石头直径大约 0.8 米，每块石头都有似乎加工过的痕迹。遗址内还散布着纹瓦片和筒瓦残片、滴水等遗物。

自从敦化城郊发现“二十四块石”之后，考古学家们又接连发现了好几处类似的遗迹。它们分别是：位于敦化市官地镇东大路西面的“官地二十四块石”；位于敦化市官地镇

吉林敦化二十四块石

敦化

海青房屯东南小树林中的“海青房二十四块石”；位于敦化市大山嘴子乡腰甸子村的“腰甸子二十四块石”。

那这奇奇怪怪的24块石头又是用来做什么的呢？这一奇怪的现象引起了学者们极大的兴趣。大家纷纷猜测“二十四块石”的性质和用途。有的认为是“仓库遗址”；有的认为是渤海王死后还葬祖茔途中设祭时停灵用的祭坛；有的认为是渤海王室的纪念性建筑物；有的认为是类似驿站之类的建筑。总之，众说纷纭，莫衷一是，看样子，要解开这个渤海国留给后世的谜题尚需时日。

从上京等渤海遗址的考察中，发现了不少莲花纹瓦当，建筑物上莲花瓣装饰以及建筑构件上的莲花图案，渤海人似乎对莲花有种特别的钟爱。

莲花自古生长于江南，黑龙江地区向无莲花种植。唐朝时期，中原地区的人颇以莲花为美，大概这种风俗也深深地影响到了渤海国。张贲的《东京记》里却记载着：上京城“西南十余里有长溪，芰荷菱芡产焉。夏秋之交，芙蕖红敷数十里，灿若六锦，翠鸟野凫迴翔上下，土人荡小舟采莲，浮游如画。……”这些莲花，很有可能就是渤海时期移植到塞北来的。在今上京遗址以西、镜泊湖北面的小北湖一带，水面上仍然偶尔能看到莲花的开放，附近的村屯里叫“莲花”的女孩子也是数不胜数。

渤海养花习俗是在唐朝影响下出现的。唐朝时期，中原养花成风，尤以牡丹为最。牡丹也是渤海人相当喜欢的一种花卉。据《松漠纪闻》记载，渤海时富室“往往为园池，植牡丹。多至二三百本，有数十千丛生者，皆燕地所无，才以十数千或五千贱贸而去”。这种习俗在渤海亡国后仍然长期延续下来，牡丹还成为了渤海人的名特商品之一，有不少渤海人后来就以种植牡丹维持生计。

我们还能看到什么？

从上京等渤海遗址的考察中，我们现在还能看到高出地面 2~3 米的外城城墙遗址，宽达 10 来米，可见当年的城墙是如何的高大宏伟。宫城内第二殿东侧 20 余米处，有一口水井，俗称“八宝琉璃井”。“八宝”就是“八角”的意思。据清代记载，在第二殿西侧亦有井一口，即所谓“左右石井二，白石盛砌”。但不知为何，另一口井已经找不到了。六根朱漆的圆柱撑住一个八角的亭台，整个造型显得古朴、幽雅。青石台阶环绕四周围住井口，井下则是用砖砌法叠成的锥形白石。琉璃井的井壁由玄武石砌成，已经历时千年，至今仍然保存完好。且井中的井水依然清甜甘美，终年不冻。

“五凤楼”，即宫城南墙正中门遗址。五凤楼台基高大，用石块砌成，十分坚固，保存得比较完好，今存台基高约 5.2 米，东西 42 米，南北 27 米，

宫墙下的柱础

◎ 八宝琉璃井

上有础石 7 排。门楼两侧各设 1 门，两门道长宽基本相同，南北长 12 米，东西宽 5 米。门壁也是石砌而成，每壁有立排叉柱 15 根。东侧门以东约 70 米处有一不开门道的“假门”，渤海国人为什么要设这样一个“假门”呢？真是叫人百思不得其解。西侧门以西约 60 米处有一门址，规模较小，门道全以石块铺成，令人惊奇的是，门道石上还留下了深深的车辙印，由此我们不难想象出当年这里车水马龙络绎不绝的繁忙景象。五凤楼的作用大致相当于唐朝首都长安城太极宫的承天门，是国家举行大型朝会的地方，也是举行重大庆典活动，比如颁布诏书、宣布大赦等的重要场所。站在五凤楼高大的台基前，我们仿佛还能依稀听到从渤海王朝的深宫里传出来的庄严宣诏。

◎ 渤海上京龙泉府五凤楼遗址

300 年前的古人曾记录上京城“街道隐然”，“明堂以外有九陌三衢，依稀可识”，但今日这些街道已经几乎被湮没了。只有一条横贯南北的笔直的土路还依稀可见。而这，据说就是当年上京城的中心大街——“朱雀大街”。根据历史的记载，它宽 110 米，长 2000 多米，大部分街段以石块铺成；北起内城南门，止于外城正南门，横贯上京，将外城分为了永宁县和富利县东西两区。街道上的石块早被附近的农户挖起来盖房子去了；有的街段上面还栽植了树木，绿树丛生之下，谁也想不到，那竟是古渤海人曾引以为豪的朱雀大街。

朱雀大街见证了千年前渤海国的盛世繁华。文武百官朝贺，各国使节朝觐，来往商人拜谒，车水马龙，喧嚣哗嘈直传入渤海王宫里去了。代代的渤海王听到这喧闹声，便在龙

朱雀大街

椅上安下心来了，他们知道，他们的国家很平安，很富足。他们做梦也没有料到有一天，市井的喧哗竟会突然变成了刀枪的轰鸣。

公元 926 年 2 月 23 日夜，契丹首领耶律阿保机率领铁骑兵分两路，翻越长白山，经过六天六夜的急驰终于到达上京城。兵临城下，上京城足足被困三天，城中人突围无策，

外援又迟迟不至，形势严峻，渤海国已经到了生死存亡的关头。不得已，渤海末王只好身穿孝服，举起素幡，率领着300多人从宫城中凄凄惨惨地走出来，缓缓地穿过2000米长的朱雀大街，来到契丹首领耶律阿保机帐前跪拜投降。3月5日，阿保机遣近侍康末恒等13人进城索取渤海人的兵器，却被愤怒的渤海士兵所杀。阿保机大怒，指挥大军分别从东、西、南三面攻城，终于攻克正南门。契丹军队沿着朱雀大街一路北进，渤海末代国王再次慌忙出宫来到阿保机马前请罪，俯首称臣。历时200多年的渤海国就此灭亡了。

1000多年后的今天，不仅渤海王朝，渤海的文明、九陌三衢的街道、井然有序的里坊也早已荡然无存，有关故国的回忆皆湮没于这四周密布的村舍与农田之间。只有朱雀大街，依然横贯在这土地上，仿佛还在静静地聆听着历史深处的回响。

辽东丹王耶律倍自投后唐明宗后，长期居住中原，东丹王神情忧郁，若有所思，正合其弃辽投唐后的处境

上京遗址不远处有一座渤海风情园，是1997年由当地农民投资近千万元，以上京龙泉府为摹本兴建的一处复古式旅游区，位于镜泊湖东北20公里处，距牡丹江市80公里。

园内主要可观的场所有白山古寨、上京城和玄武湖。

白山古寨是模仿古代靺鞨人（渤海人的主要组成部分）的遗风而建，

外表看上去较为粗陋，具有浓郁的古代渔猎民族的风格。古寨广场中间有一个篝火台，每逢周末晚间，此处就会举行篝火晚会，晚会的主要表演项目是满族歌舞。

上京城是一条仿建的古渤海国的街道。街道上有驸马府、东瀛馆和李白腊像馆可供一观。传闻驸马府的主人是渤海国第一勇士恩巴图，他的妻子就是渤海国大钦茂国王的爱女贞惠公主。东瀛馆顾名思义，是为纪念渤海国同日本之间的友好关系而建。当时渤海国积极发展与日本的关系，两国间经济文化交流十分频繁，双方结下了深厚的友谊。李白腊像馆则主要取材于李白醉酒戏权贵的故事：渤海国王向唐玄宗呈上用渤海民族文字写成的国书，满朝文武无人能识。只有布衣李白能吟诵如流。唐玄宗命李白再以这种文字写一封诏书给渤海国，半醉的李白声称，只有让杨国忠为他磨墨、高力士为他脱靴，他才写得出锦绣文章来。唐玄宗答应了他的要求。从此民间又多了一段有关李白的传说。

玄武湖是唐代渤海国的御花园。据说是因为当年修建上京龙泉府时，开采了大量的玄武岩而得名的；又由于玄武湖位于宫城北侧，按照前朱雀后玄武的方位布局，得名玄武。渤海风情园内的玄武湖水域面积 60 公顷，水源来自牡丹江上游，没有受过任何污染，所以水质十分清澈。

三、渤海简史

渤海国始建于公元 698 年，到公元 926 年被契丹人灭亡，传十五王，前后存在 228 年。这是个以粟末靺鞨人为主体的地方民族自治政权。隋唐之际，靺鞨七大部落中以粟末靺鞨最强大。公元 605 年，粟末靺鞨首领突地稽率八部大众自扶余城(今吉林四平)西北内附于隋，被安置于柳城(今辽宁朝阳)一带。留在故地的粟末人在公元 668 年内迁营州(今辽宁朝阳)。公元 696 年，营州（今辽宁朝阳）地区爆发契丹叛乱，唐在东北地区的统治受到削弱，粟末靺鞨首领大祚荣趁机率领靺鞨人回归靺鞨故地，粟末首领大祚荣在东牟山(今吉林敦化东北)和奥娄河(今牡丹江上游)一带建立了靺鞨人自己的政权。初称震国，意为东方的国家。渤海首都初在“旧国”(今吉林敦化一带)，唐天宝末年迁往上京龙泉府(今黑龙江宁安东京城)。此后除唐贞元年间(公元 785~805 年)一度徙东京龙原府(今吉林珲春)外，一直定都于上京。

公元 713 年，唐玄宗派郎将崔忻，以摄鸿胪卿的身份，敕持节宣慰靺鞨使的名义，前往震国，册封大祚荣为骁卫员外大将军、渤海郡王。以其统辖的地区为忽汗州，加授大祚荣为忽汗州都督，从此靺鞨专称渤海。于是，渤海成为臣属于唐朝的藩属政权，又是唐朝管辖下的一个羁縻州府，即忽汗州都督府。忽汗州都督府即渤海郡，是唐朝在东北地区设置的最高军政机构之一（见本编后附录）。公元 762 年，唐廷诏令渤海为国，以大钦茂(大祚荣之孙)为王，进检校太尉。从此，渤海与唐朝关系更加密切，不断遣使朝贡。据不完全的记载，渤海王廷凡遣使朝唐、朝觐、朝献、朝贺、贺正达一百数十次之多。在前后两个世纪的时间里，两国间虽然一度出现过军事冲突，但大多数时间都是和睦相处的。渤海人

尤其热衷于盛唐文明，不断派遣王室及贵族子弟、学生、僧侣到唐京长安等地留学、求法，抄写经史典籍，习识古今制度。唐朝也频频派人到其地履行宣劳、册封、吊问、赏赐。

渤海的疆域，初限于靺鞨的部分故地，“方二千里”。经过几代人的不懈努力，疆域逐渐扩大。第十代宣王大仁秀，被称为渤海中兴之主，广开土宇，“南与新罗、与唐为界，东至海，西临契丹，东北至黑水靺鞨，西北至室韦，地方五千里”，即包括今吉林、黑龙江、辽宁及俄罗斯滨海地区和朝鲜咸镜北道、南道、两江道、慈江道、平安道的全部或部分地区；“方五千里”，拥有五京、十五府、六十二州及上百个县的地方行政建制；建国初期有编户十余万，人口数十万，后期人口逐渐增至 300 万左右，军队有数十万人之多。

渤海经济也获得长足的进展，出现了不少名优特色产品，还涌现出首都忽汗城这样的国际大都会。渤海在邻近诸国和地区的政治生活以及经济、文化交流中发挥了重要的作用和影响，尤其是同日本列岛间的经济文化交流相当活跃。渤海国的综合国力大大提高，在当时的东北亚地区处于异常重要的地位，并获得了“海东盛国”的称誉。

渤海国疆域

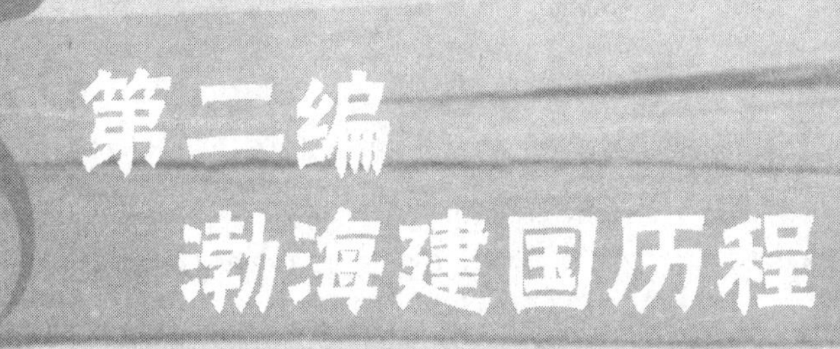

第二编 渤海建国历程

一、寻访渤海古国遗址

渤海最初建国的地方，史称“旧国”。《旧唐书·渤海传》里提到：“祚荣合高丽靺鞨之众，以拒楷固，王师大败，楷固脱身而还。……祚荣遂率其众东保桂娄之故地，据东牟山，筑城以居之。”《新唐书·渤海传》则记载了大祚荣“率众保挹娄之东牟山，地直营州东二千里……筑城郭以居”，还提到“保太白山之东北，阻奥娄河，树壁自固”，由此可见，震国最初建国的地方在“东牟山”和“奥娄河（今牡丹江的一条支流）”附近。现在已经证实，此地位于现吉林省敦化市境内。

韩剧里的大祚荣形象

现敦化境内有两处渤海国城市遗址。一处为城子山城，一处为敖东城。一般认为，城子山城址是渤海人最初的都城所在，后来再迁到坐落于平原上的敖东城。

史书中提到大祚荣据“东牟山”、“筑城郭以为居”，这座“东牟山”就是今天的城子山。城子山位于敦化市西南12.5公里，山北麓有牡丹江上游的支流大石河流过。因山上有城，所以名为“城子山”。

城子山城呈半月形，城墙沿山势走向高低起伏，像条大蟒一样缠绕在山腰上，周长约 2000 米，城墙为土石混筑，墙基宽 5 ~ 7 米，有的地方则宽达 10 米以上，当年一定非常雄伟壮观，可惜现在我们所能看到的城墙只剩 1.5 ~ 2.5 米高了。城子山城东北低，西南高，稍向东北倾斜。北部的墙最低，修筑在临水的高达 40 余米的山崖上。低头一看，下面就是滔滔的江水，不由得叫人胆战心惊。

城东门内南侧，有一个面积较大的平缓山坡，上面遗留了 50 多个半地穴式的房屋遗址。这些房子大都呈长方形，大一点的东西长约 8 米，南北宽约 6 米；小一点的东西长 6 米，南北宽 4 米。房屋的中间，呈浅坑状，四边用土砌成墙，现残高 20 ~ 40 厘米。房子的门一般都开在东墙的正中，只有少数开口向北。这大概就是最早的震国平民的房子了吧？在山城中部还有几处较大的平地，最大者达数千平方米，据说是当时的演兵场。城子山城内外曾多次出土过铁矛、铁刀等物，近年来，这里还发现了不少唐代的“开元通宝”。

东牟山城地势险要，是吉林、桦甸、安图等方面通往敦化大道的军事交通要冲。但它毕竟是座山城，不适合长期发展。所以，待到政局稍稳后，大祚荣就将都城迁到了距此不远的平原上，这也就是后来的敖东城。

敖东城遗址现状

◉敖东城遗址文保碑

敖东城位于敦化市区东南1公里处，牡丹江水自南蜿蜒流来，在距敖东城200余米的地方折向东流。敖东城分内外两重城墙，整个城郭呈长方形，分内外两城。外城长约400米，宽200米，城墙上还设有马道；内城大致为正方形，各边长约80米，位于外城中央偏西处，四周设有城壕。外城城墙原为土筑，现在东面已经颓塌，只剩下西、南、北三墙。随着对遗址清理的深入，城内已经发现了不少灶坑和建筑物的遗址，还出土了一批珍贵文物，如铜钱、石臼、陶器、铁器等等。

但到此地来参观的游人，也有许多并非为敖东城遗址而来的，因为此处刚好也是东北最大的佛教寺院正觉寺所在地。正觉寺是亚洲最大的佛教尼罗道场，于1993年恢复重建，总占地面积近9万平方米。寺内有三尊高12.5米的樟木大佛，以及释迦牟尼得道的景德镇陶瓷壁面。寺中还存有用6.6公斤纯金贴面的六面体六千只手眼观音圣像，这在世界上是独一无二的。

渤海民族的先祖

渤海人的主体为中国东北地区的一个古老民族——靺鞨族。最早有关“靺鞨”的记载，出现在《北齐书》中。“靺鞨”这个正式的称谓，大概是从隋朝开始的。据考证，靺鞨族来自于我国东北地区古老的肃慎族。

东汉和魏晋时期，肃慎开始被人们称为“挹娄”，《后

汉书》和《三国志》里面，都有专门的《挹娄传》；两晋时期，又称挹娄为“肃慎”，此时的肃慎族与中原往来已日趋频繁；南北朝时期，又称挹娄为“勿吉”。大约在5世纪末6世纪初，勿吉势力西移南下，进入松花江流域，把势力扩展到了松嫩平原地区；隋朝时，勿吉开始被称作“靺鞨”。

隋代的靺鞨族居住在高句丽以北，主要分成七部，分别为：粟末、伯咄、安车骨、拂涅、号室、黑水、白山。他们居住在东至日本海（包括库页岛），南至长白山，西至松嫩平原，北至黑龙江以北的广阔地带。其中，粟末部是与高句丽最近的一个部落；伯咄部在粟末以北；安车骨部在伯咄部东北，拂涅部在伯咄部东；号室部在拂涅部东；黑水部在安车骨部西北；白山部在粟末部东南。《新唐书·黑水靺鞨传》中记载，“部间远者三四百里，近者二百里，白山本臣高句丽”。

靺鞨部七部的经济发展很不平衡，因为地区气候差异和生产力水平不同，有的部以渔猎经济为主，有的部以农业经济为主。即使黑水靺鞨一部下辖的十六部之间的经济发展水平差别也很大，一般来讲，南方的部落比北方的部落的经济发展水平要高。至于靠近高句丽的白山部、靠近中原及高句丽的粟末部，受到了高句丽和中原较为发达的农业文明的影响，经济发展水平则要更高一些。

渤海族源之谜

由于国都被焚，渤海国留下的文史资料极少。渤海国发源于何地？渤海人来自何方？渤海王国的建立者究竟是谁？这种种的问题人们只能依靠同时期汉人、朝鲜人、日本人留下的史料来进行推测。然而，这些史料本身却有不少矛盾的地方。因此，中国、朝鲜、日本各国学者对渤海族源的看法也各不相同。

中国　《新唐书·渤海传》中记载：“渤海，本粟末韩朝，附高句丽者，姓大氏。”粟末靺鞨是隋唐时期居住在中国东北松花江流域的靺鞨七部之一，中国学者们多半据此认定渤海人不是高句丽人，而是居住在中国版图内的粟末靺鞨族人。

朝鲜　《旧唐书·渤海传》则记载：“渤海国朝大祚荣者，本高句丽别种也。”这条记载被不少朝鲜学者抓住，用来证明渤海国是朝鲜人的祖先高句丽人所建立的国家，再进而把渤海国与朝鲜联系起来。甚至，还有人认为，渤海的王室与高句丽王朝有密切的血缘关系。

日本　渤海王致日本的国书中，往往自称为高句丽后裔，而且渤海使臣也有很多用的是类似于高句丽人的名字。日本学者于是据此认定，渤海国是高句丽遗种所建立的国家。

隋朝时期，靺鞨各部落间，仍然保持着一种勿吉时期就已经形成的部落联盟关系。每个部落仍然有各自的首领，他们的社会基本上还处于一种自然的无政府状态。

其中，靠近中原与高句丽的粟末部，在二者先进文化技术影响下，渐渐强大起来。粟末部居七部的最南端，位于松花江中游两岸，有丰富的山林川泽资源可资渔猎，对其社会生产发展具有天然的优势；气候适中土地肥沃，适合

高句丽角抵壁画

唐代农耕图

发展农耕。粟末部等在震国建立前，在农业生产中已经广泛地使用了铁器，农业也渐渐成为了粟末部最重要的生产部门。

后来，粟末部众又在首领突地稽率领下内迁营州，靠近中原大唐，在此地诸多先进因素的强烈影响下，社会的发展更为迅速。他们迁到这里后，因为助唐作战受到了优厚赏赐，在高丽国灭亡前，已经以“财力雄边”，为东北各少数民族“所惮”，各部都已拥有众多奴仆。大祚荣一支虽迁居到这里较晚，但到其“东奔”回故里前也在营州生活了近30年，而且在此之前，他们还在高丽封建统治下过了半个世纪左右，向高丽人学到了不少东西，具备了管理国家的能力和经验。

渤海立国

公元696年，唐朝契丹首领李尽忠杀营州都督赵文翙举兵反唐。赵文翙任职期间，经常依仗手中权势，剥削和欺压东北各少数民族，因而在各族人民中激起了极大的不满。唐松漠都督李尽忠见有机可乘，便兴兵起事，杀死了营州都督

赵文翙，占据营州，举起了反唐的大旗，李尽忠还自立为“无上可汗”。

居住在营州的粟末靺鞨人本来就已饱受赵文翙的压迫，李尽忠起兵后，他们便加入了这一反抗的行列。然而，即便如此，靺鞨人和契丹人间也有不少矛盾，尤其在契丹人掌权后，同样还是和汉人一样欺压靺鞨人。所以，靺鞨人和契丹人间的联盟只是一个不稳固的暂时性的联盟。所以，当唐朝派曹仁师统率大军前去镇压叛乱时，这个联盟内部就分裂了。靺鞨人乘着契丹与唐交战正酣时，乘机摆脱战局东返故里。

传说，渤海首领乞乞仲象和另外一位首领乞四比羽率领各部渡过辽水一路东逃。途中，他们遇到了唐朝派来招抚他们的使臣。原来，唐朝为瓦解东北少数民族的反唐联盟，在对契丹实行武力围剿的同时，决定对粟末靺鞨采用招抚政策，封乞四比羽为许国公，乞乞仲象为震国公。但乞四比羽不相信唐朝有此诚意，拒不受命，结果被唐朝追兵所击斩。此时乞乞仲象在奔亡中病故，其子大祚荣代父而起，率领部众继续东逃。降唐的契丹大将李楷固在后紧追不舍，一直追到了天门岭（今吉林省境哈达岭）处。东逃的靺鞨人在天门岭处停了下来。因为善于用兵的大祚荣发现，天门岭的地形极为复杂，或许刚好可以用来摆开一个对自己甚为有利的战场。于是，他“合高丽、靺鞨之众”，全军上下一心，一鼓作气，终于大败唐军。只剩下残兵败将的李楷固不敢再追，靺鞨人终于依靠自己的力量获得了自由！

公元 698 年（唐圣历元年），突厥进犯唐朝妫州、檀州、定州、赵州等地（今河北省中西部），契丹人与奚人又再次依附于突厥人对唐宣战。东北通往中原的道路因为战火被阻隔了，靺鞨人也因此不用再直接面临大唐的军事威胁。此时，大祚荣不愧为靺鞨人英明的领袖，他审时度势，认为此时建立一个靺鞨人的国家是最恰当不过的时机。于是他以武则天封其父为震国公之“震国”作为国号，以旧国敖东城为都城，建国称王。

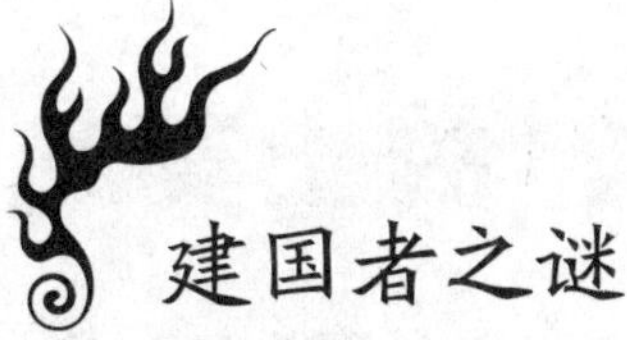

建国者之谜

历来对渤海国的建立者究竟是谁这个问题就有两种说法。《旧唐书·渤海传》把众所周知的大祚荣作为渤海王国的始祖；但在《新唐书·渤海传》中就复杂了。其中记载当时靺鞨各族酋长以及大祚荣的父亲乞乞仲象一起逃出营州，回到故乡建立起震国，并推举乞乞仲象为国王。这也就是说，乞乞仲象才是最初建立震国的国君。这两种最基本的史料却提出了两种截然不同的说法，搞得后世学者们大伤脑筋。有聪明人为了解决这个矛盾，提出了一个折衷说法：既然《新唐书·渤海传》中的乞乞仲象在后世没有另外庙号，那么，是不是说大祚荣和乞乞仲象是同一个人呢？可能乞乞仲象是他建国前在营州所用的本名，大祚荣则是建国后所改的中国式的名字。这一来，这个矛盾不就解决了么？可惜，这个巧妙的解释却没什么有力的史料作为基础。

二、故土英魂
——渤海的国王们

三灵坟前的猜想

三灵坟位于宁安市三灵乡三星村东，南去半公里就是牡丹江，过江再往南约 4 公里可至渤海国上京龙泉府故址。北依山岗，南临平地，从古代风水学的角度来看，的确是一块“风水”宝地，若将祖坟葬于此，将会福泽子孙后代。

三灵坟，顾名思义，此地必有三座有名的古墓。《宁安县志》中称：“想‘灵’当是‘陵’字俗语，传诵误陵为灵也。”金毓黻先生则不同意这种看法，他认为，三灵“当作山陵，其陵侧之村曰山陵屯者，盖旧为守陵人所居也”。清代许多人来到三灵一带“跑马占荒”，有人因为害怕已经“占”到的地再被他人夺去，于是把三灵附近的坟茔认做祖

三灵坟附近景色

三灵坟古墓

茔，其中鲍氏人家就把其中一座古坟认做了自己的祖茔，因而在三灵坟以东约半里许的坟丘就成了“鲍家坟”，这一带的土地，也就归了鲍氏一族占有。三灵附近还有一座“厉家坟”，是厉姓一族的祖茔，直到现在厉氏家族仍有人住在三灵村。这样，有了“鲍家坟”和“厉家坟”，只有中间的这座古坟似乎无人来认。

然而，一直以来，就有不少人并不相信这三座坟是当地那些名门望族的祖坟，而怀疑三灵坟是渤海早期王室陵寝。在三灵、沙兰和新华等地（均属宁安市辖境）的民间，也的确有称“三灵”为“皇陵”的。可惜，据《宁安县志》记载，三灵坟早在道光年间即被一名石匠凿洞进入墓穴盗走了所有的贵重随葬品。因而我们已经很难根据三灵坟的随葬品来判断这几座坟茔的归宿了。

1928年前后，哈尔滨的外国侨民会曾经组织过一次对渤海三灵坟的调查，但收获不大。20世纪30年代初，设在哈尔滨的东省特区文化研究机构也曾派人调查三灵坟，并正式提出它可能是渤海王陵的看法。1933~1934年，日本东亚考古学会以原田淑人为首的渤海上京考古发掘队，在对上京城部分遗址的发掘的同时也对三灵坟进行了调查和探掘，并在《东京城》中发表了有关三灵坟的三幅实测图和在地表采集

三灵坟墓顶的巨石

的文字瓦及绿釉瓦等遗物。1963~1964 年，中朝联合考察队又对三灵坟进行了调查和清理。

人们对三灵坟的考察已渐渐不再局限于这三座坟茔，有人提出大胆的猜想：三灵坟一带很可能存在着一个渤海早期王室陵寝群。在这一猜想的鼓舞下，这一带地下的一些从未被任何人知晓的墓葬和其他遗迹被逐步探查出来。其中已经确知的墓葬规模很大，甚至比先前已发掘的三灵坟还要大。1991 年秋，人们在三灵坟东北约 30 米处的一个点进行试掘，结果发现了大型的渤海石室壁画墓。墓室四壁、抹角、藻井和甬道，均抹有很厚的白灰层，其上绘制精美的壁画。由于墓内潮湿和历经千载变化，墓壁白灰面大都脱落，但从残存壁画中仍可看到人物、花卉等形象。壁画主题鲜明，构图美观大方，色泽艳丽，从画中图案的形状和人物的体貌来看，有很深的受唐朝影响的痕迹，人们已经将其确认为唐代渤海国的古墓遗址。

大武艺的武功

渤海政权初创时，地处边陲，版图较小，外有唐朝、契丹、新罗等强大的邻国，渤海可以说是在夹缝中艰难地求得

琉璃釉兽头，渤海上京龙泉府城遗址出土

了生存。而这样一个小国，历史上曾经出现过很多很多，它们大都如昙花一现，来得快也去得快。渤海是否能避免这样的命运呢？渤海又要如何避免这样的命运呢？

公元 719 年，渤海国王大祚荣去世，其长子大武艺继位了。根据历史的记载，大武艺是一个富有野心、勇猛刚强的人，他继位时刚好30 多岁，正值精神和体力的最高峰期。刚刚登上渤海国权力的最高峰，大武艺便放开了手脚，雄心勃勃地开始了一系列向外扩张的举动，在东北亚地区掀起一股不小的旋风。

他先以武力收服了高句丽旧部和扶余人，于公元 727 年终于成功地将他们的土地划进了渤海国的国界里；为进一步向北部和西部扩张，公元 726 年，大武艺发动了对黑水靺鞨的进攻，企图最后统一靺鞨各部；公元 732 年，大武艺又派兵从海上和陆路进攻山东、河北东部，向西发展渤海势力。

大武艺的咄咄声势，使周围各族都感到岌岌可危。在大武艺执政后不久，新罗王就下令北筑长城，防御渤海来犯；黑水靺鞨自知凭自己的力量不足以抗衡渤海，便向唐王朝求助；唐设置黑水都督府，一方面是出于黑水靺鞨的请求，另一方面，唐王朝也要以此来制约大武艺日益膨胀的野心。

大武艺自知树敌过多，四邻之中颇有怨恨之言；他放眼四周，决定与日本通好以求得一个战略上的朋友。公元 727 年，大武艺派遣 14 名使臣出使日本，初步与日本建立了友好关系，也为此后长达百年的时间里两国间的交往奠定了基础。

大武艺统治时期渤海国东临大海

大武艺的时代，渤海的疆域已经包括今日第二松花江、图们江和鸭绿江两岸的广阔地区，而且东临大海，并可通过海上航行，与日本友好交往。南面与新罗以泥河为界。泥河即今龙兴江，西距平壤仅百里之遥，由于大武艺的对外扩张政策，时刻威胁着新罗的安全，双方关系一直都很紧张。

渤海立国日浅，力量积蓄不够。大武艺无休止的对外扩张，直接触犯了唐朝的利益。唐玄宗曾斥责大武艺的扩张行动是不知存亡之兆，不识顺逆之端，是背德失节的亡国之道。

大武艺的扩张危及四邻，树敌过多，不但寡助，而且被群起攻之。公元 732 年，当大武艺进攻山东、河北时，新罗、室韦、黑水靺鞨先后发兵助唐，使渤海四面受敌，无力应付，只好息事罢兵。

大武艺一系列的对外扩张政策颇有成效，使渤海国得以强大起来，而且疆域扩大已发展至海边。但是，他的扩张政策无疑也伤害到了某些国家和民族的利益，所以使渤海国的外交在某种程度上陷入了众叛亲离的境地。到了晚年，大武

艺渐自悔悟，终于意识到只知一味扩张并不能使渤海国真正强大起来，但为时已晚，他只能将未尽的事业留给后人来完成了。

渤海政权是在反抗唐朝统治者的民族压迫的条件下产生的，所以一开始就有一支强大的军队，后来仿唐十六卫制，设十卫统率诸军，逐步完善了自身的军事建置。各卫设大将军一名、将军一名，置都将、郎将、少将若干。十卫兵制一直执行到渤海灭亡。此外，唐朝在卫制下还设折冲府，置武官折冲都尉一人，左、右果毅都尉一人，汉文文献中虽未讲到渤海有府兵，但日本古籍记载，渤海首次聘日使团成员中有府兵官，即德周为果毅都尉，舍那娄为别将，证明渤海亦设折冲府之类的军事组织，这也就意味着，渤海也实行了府兵制度。此外，公元 832 年（唐大和六年）唐册封渤海第11世王大彝震的内养王宗禹从渤海返回，“言渤海置左右神策军、左右三军一百二十司，画图以进”。这可能说明渤海在中后期还另设有王廷常备军。

大钦茂的文治

公元 737 年，渤海第三位国王大钦茂继位。他是渤海在位时间最长的一位国王，共 56 年，对渤海国产生了极其深远的影响。

大钦茂继位时，正是渤海历史转折时期。经过大祚荣、大武艺父子两代将近 40 年的征战、开拓，渤海政治地位已经确定下来，势力也更加强大，但是要想求得进一步巩固和发展，单靠武力是不行的，可以在马上得天下，却不能在马上治天下。而且，由于大武艺时期长期的大规模对外扩张战争，渤海耗费了巨大的人力物力，国家和人民再也经不起折腾，须及早结束战乱不安的局面，稳定下来发展生产。于是大钦茂顺乎民心，一改大武艺的扩张政策，殚精竭虑，偃兵

修文，努力争取到一个和平的环境，全心致力于渤海的国内建设。

然而，当时整个东北亚地区并不太平。安史之乱爆发，大唐帝国盛极而衰。就在大动乱的前前后后，各民族之间的关系又一度出现紧张。安禄山身兼渤海经略史，并以北方作为叛乱基地，渤海的处境相当艰难。大钦茂执政第 20 年，安史之乱爆发了。就在同一年，大钦茂作出了一个重要举措：将王都北迁至上京龙泉府。

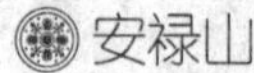

上京龙泉府于唐玄宗天宝末年（约公元 755 年左右）开始成为渤海都城。当时，渤海面临着极为严峻的形势：唐玄宗天宝末年，安禄山权倾一时，在大唐北部边疆一带一手遮天，为所欲为。他利用手中的兵权对其管辖地区的少数民族奚人和契丹人进行放肆的掠夺和屠杀，以立“边功”获取朝廷的嘉奖，完全不管不顾他在边疆一带造成了多么大的动荡不安。渤海国虽离安禄山所管辖的三镇较远，但也感到了安禄山的严重威胁；同时，契丹势力也日益强大。公元 751 年，契丹军队大败安禄山三镇兵 6 万人，从此，契丹人更是不可一世。强大后的契丹人势必要谋求更进一步的扩展，渤海人有过臣服于契丹人的不愉快的经历，契丹版图的扩张也让渤海国时时感到危险的临近；北部则有强悍的黑水靺鞨影响着其政权的稳固。所以，渤海的当务之急是要避开南面的强敌，同时加强军事防御，以防黑水靺鞨的进攻。

而上京龙泉府地处荒远，正是避开战祸的理想之地。再从上京龙泉府周围的地形来看，十分有利于防守。老爷岭、张广才岭等山脉环绕该都城四周，恰似天然的城墙一样，构成了该城的第一道屏障；忽汗河及今上马河从西、北、东三面围绕该城市，又像天然的护城河一般，构成了该都城的第二道屏障。渤海人还充分利用地形，在北距上京龙泉府约 90 公里处的渤州（今牡丹江市郊南城子古城）修筑了江防要塞和边墙，在南面的忽汗河边修建了军事城堡（今城墙砬子山城），从北、南两个方向控扼着通向上京龙泉府的门户。

迁都上京对渤海造成了相当深远的影响。从经济上看，这顺乎了渤海国从渔猎、畜牧业——农业经济向农业——渔猎、畜牧业经济发展的趋势。比起地处山地的“旧国”，背靠资源丰富、气候宜人的上京龙泉府显然更适合农耕经济的发展。从政治上看，迁都上京即意味着渤海国政治中心向北转移。渤海国东有新罗，西有契丹，南有大唐，东、西、南面都没什么进一步发展的可能性，唯有转向北面以图发展。将国都迁至北部，对渤海国的日后格局有着极其重大的意义。

大钦茂谥号“文王”，以“文治”著称。他相当重视用儒家经典培养治国人才。他曾在公元 738 年特地派遣使者到京师长安“求写《唐礼》、《三国志》、《晋书》、《十六国春秋》”等典籍。大量的儒家经典和历史著作就此传入渤海，这些典籍被置于胄子监中，专门供渤海贵族子弟学习用。贵族子弟们就在胄子监里攻读从大唐传来的儒家典籍，接受儒家思想教育，以培养将来的治国能力。大钦茂还直接派遣学生入唐朝京师太学，“习识古今制度”，这些从大唐归来的浸润了深厚的儒学教养的渤海人迅速成为了国家的栋梁，成为渤海国统治的中坚力量。在他们的辅

佐下，大钦茂治下的渤海渐渐出现了一派欣欣向荣的盛世景象。

大仁秀的中兴

公元 793 年大钦茂死后，渤海统治集团内部爆发了争夺王位的激烈斗争。短短的 25 年时间里，却经历了废王元义、成王华玙、康王嵩璘、定王元瑜、僖王言义和简王明忠六世。在这个 1/4 世纪里，因政局不稳，渤海国的发展几乎停滞下来。直至公元 818 年十世王大仁秀继位，渤海才再度稳定下来。

大仁秀执政以后，“南定新罗，北略诸部，开置郡县”，“开大境宇”，很快使渤海从颓靡中重新振作起来。大仁秀的作为，也得到了唐朝的承认，唐朝加封其为银青光禄大夫、检校秘书监。公元 820 年，又晋封为金紫光禄大夫、检校司空，勋升一阶。

经过几代人辛苦地在这一片荒茫之地“斥大土宇”、“开大境宇”，渤海终于有了一个连成一片的广大区域。渤海疆域东临日本海，西至吉林省乾安、长岭和双辽县一带与契丹相接，南至朝鲜德源附近的龙兴江（泥河），北边西起今黑龙江省依兰县境，东沿七星河跨越乌苏里江，再顺比金河至日本海；西南东起朝鲜孟山附近，越大同江后在价川附近再过清川江，在义州北越鸭绿江，过辽宁省丹东市北，再经抚顺市与新宾满族自治县间、开原县与昌图县间，达于双辽县境。渤海人以辛勤的劳动，为我国古代东北地区的开拓和发展作出了杰出的贡献。

渤海国的人口增长很快，建国之初有“编户十余万”，按当时靺鞨家庭及全国每户人口平均五口人计算，约有人口七八十万。至大武艺时期，随着渤海兼并诸部，疆土日拓，人口数量也迅速增长。单就军队数量而言，就已经由初期的

"胜兵数万"增至 10 万人左右，由此不难推算出渤海的人口数是怎样的在成倍增长。《渤海史稿》里根据高丽灭亡时户数及渤海灭亡后遗民户数推算出，渤海灭亡前夕人口总数不会少于 300 万人。也就是说，从渤海建国到亡国的 200 多年中，人口数量足足翻了两番。

三、鸿胪井见证的历史——渤海国与唐王朝的亲密关系

鸿胪井，位于旅顺口黄金山西北麓，是渤海国时期留下来的重要古迹之一。也是渤海国与中原王朝间传统友谊的见证。

车书本一家

唐代著名诗人温庭筠有一首诗《送渤海王子归国》：“疆理虽重海，车书本一家。盛勋归旧国，佳句在中华。”渤海王子归国，唐朝诗人特地赠诗，即是两人之间友谊的见证，也可见两国间关系的亲厚。但唐朝与渤海之间的深情厚谊，也并非一蹴而就的。

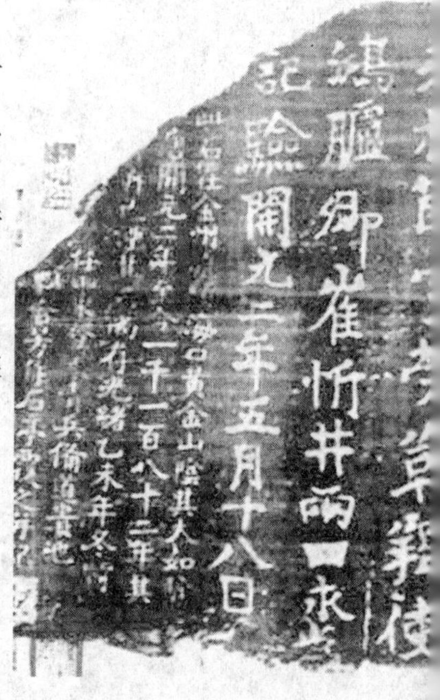

鸿胪井刻石拓片

其实，当初靺鞨族首领大祚荣是在背叛唐朝的情形下，东归故里，于公元 698 年建立了震国。一开始，自然同唐朝的关系势如水火。面对强大的唐朝，渤海国只

好转向唐朝的敌人后突厥寻求庇护。但依附于突厥人，震国也付出了沉重的代价。突厥王朝在渤海横征暴敛，突厥派去的“吐屯官”（即突厥派往属地的大官）更是在渤海作威作福，成为渤海国的“太上皇”。震国的统治者们后悔不已，“请神容易送神难”哪！

公元 705 年，唐中宗李显复位。因为对远在北方的震国还心存怀疑，不知是敌是友，但为了对付日益壮大的后突厥，“傍结诸蕃”，于是唐王朝不计前嫌，公元 707 年主动派使节张行岌到震国招抚大祚荣。大祚荣为他举行了隆重的欢迎仪式，给予了热情款待。在会晤后，大祚荣毫不犹豫地确定了两国的隶属关系，甘愿俯首称臣。为表示对唐的忠诚，决定派二儿子大门艺随张行岌到长安唐廷入侍。从此，震国对唐朝正式称藩，两国化干戈为玉帛，震国也再不受突厥的制约。张行岌带着大门艺回到长安后，唐中宗很是欣慰，留大门艺为宿卫，并准备马上再次遣使正式册封大祚荣。但是，由于契丹各突厥连年扰边，唐朝的东北边陲硝烟弥漫，战火连绵，册封之事便被拖下来。

册封盛事

七年之后，边境平息。公元 713 年，唐玄宗又遣郎将、鸿胪卿崔䜣出使渤海国，册封大祚荣为都督，加封左骁卫员外大将军、渤海郡王。崔䜣从长安出发，奔波半月终于到达山东登州，乘船渡海至都里镇（今旅顺口），再到鸭绿江口，然后逆江而上至渤海都城。大祚荣在崔䜣的帮助下，选定黄道吉日，举行了隆重的授衔仪式。唐廷册封他三个官职：一是左骁卫员外大将军，这是朝官，为虚职。二是渤海郡王，这是实职。三是忽汗州都督。定国名为渤海，以前的粟末部族号和震国之名就不再使用了。从此，渤海国正式作为一个国家进入史书。公元 714 年 5 月，崔䜣完成册封使命回长安

唐代仪仗

时，又经过都里镇。按照唐朝的惯例，朝廷命官持节册封，都要留下实物以备验证，或立碑建阁以此来作为纪念。崔䜣来时已下令开凿了两口水井，此时刚好竣工。他豪情满怀，意气风发，遂挥笔留下墨宝，并嘱人刻入石碑，以纪念这次册封盛事。刻石镌刻正书三行，共 29 字：

敕持节宣劳靺鞨使

鸿胪卿崔忻井两口永为

记验开元二年五月十八日

“敕持节宣劳靺鞨使”，既交待了崔䜣的使命，又是他出使的正式职务；“鸿胪卿”是崔䜣临行前被授予的官衔，相当于唐朝主管四夷和外事活动的最高官员，由此可见唐朝统治者是相当重视这次册封的。

敦化政府所立大唐崔忻宣诏碑

“鸿胪卿崔忻井两口”一句中的“忻”字还曾引起了不小的争议。明人编写《辽东志》时曾将此篇题记收入其中，但画蛇添足地在“忻”和“井”二字中添上了一个“凿”字，这个字一加，题记的意思就显然成了鸿胪卿“崔忻”在此处凿井两口。显然，他们把“崔忻”当成了崔鸿胪的名字。而《旧唐书》里则记录崔鸿胪的名字为“崔䜣”。明代人还以为，这是古代史家在修史时误将“忻”当作了“䜣”字。就这样，造成了一桩长达400多年的学术错案。直到最近，一位名叫王仁富的教授才考证出，“忻”字应该是一个动词，在文中可解释为“开凿”之意；而《旧唐书》所记的崔鸿胪名“䜣”应该是准确无误的。

渤海国的对唐政策

渤海国同唐朝在政治、经济上一直保持着相当密切的联系。历任国王曾多次派贵族子弟入长安学习，使用汉文作为本国的官方语言，按唐朝的制度管理国家等等，俨然一副“小中华”的模样。渤海国的对唐政策主要有以下几点：

称臣受封。自首任国主大祚荣接受唐王朝册封后，历代渤海王均按照唐朝对所属诸藩属的惯例，“诸藩渠帅死亡者，必诏册立其嗣焉”。根据唐朝《通典》的记载：每世渤海王的更迭，虽皆由大氏父死子继或兄终弟继的方式，但均须得到唐王朝的认可，接到册封后才算合法。每位渤海王去世后，渤海国都会派遣使臣赴唐告哀并请册嗣，唐朝也派遣大臣为使节前往吊唁和对继立者进行册封。唐王朝在册封新继立国王的同时，必任命其为忽汗州都督府都督，即继立者要同时接受唐王朝地方官的任命。渤海国15位国主中，有明确记载接受唐朝册封的有大祚荣、大武艺、大钦茂、大嵩璘、大元瑜、大言义、大仁秀、大彝震、大虔晃、大玮瑎十王。渤海国对此极为重视，坚持遣使请求册封，未获册封，

继位者不得擅自称王，只能称“知国务”或“权知国务”。如大嵩璘继位时先被册为渤海郡王，渤海立即“遣使叙理”，唐朝才再加册命为“进封渤海国王”。

入侍宿卫。渤海国从大祚荣开始，历代诸王都有接受诏谕派遣王子、王弟入侍唐朝，宿卫京师，以尽臣子义务（实为人质）。十五王中先后有：大祚荣时期，派遣王子大门艺、大述艺；大武艺时期，派遣王子大都利行、王弟大昌勃价、大胡雅、大琳、大朗雅；大钦茂时期，派遣王子大贞翰、大英俊、王弟大蕃；大仁秀时期，派遣王子大聪睿等十数人之多。这些王子王弟没有朝廷的批准是不准返回的。他们在宿卫期间，有许多人还接受了唐朝的加委。

遣使朝觐。渤海国十五王中，遣使到长安朝觐，据史书记载有 132 次，平均两年一次，有时一年多达四至五次。仅大钦茂时期的开元末年到天宝末年（公元 738 ~ 755 年），“朝觐者二十九”。遣使朝觐的主要任务是：朝贡、贺正旦、献方物、送入侍宿卫和进行一些特殊活动等。

进贡土产。渤海国每年及每次遣使朝觐时，都要向唐朝贡献土产，据史料记载，渤海国共向唐朝进贡多达 140 余次，主要贡品有兽类、禽类、水族、药材、金器、制品和杂类 7 大类 42 种，特别是一些珍贵产品，如“玛瑙柜”、“紫瓷盆”之类的工艺器。渤海国的玛瑙柜和紫瓷盆工艺精湛造型精美，有记载称：“玛瑙柜方三尺，深色如茜，所制工艺无比，用贮神仙之书……紫瓷盆量容半斛，内外通莹，其色纯紫，厚可寸余，举之则若鸿毛。”又如：长白山的兔子、扶余（吉林四平）的鹿、率宾（绥芬河下游双城子，今俄罗斯乌苏里斯克）的马都是珍品。每次进贡唐廷也多有回赠。在墓葬的发掘中出土了精美的三彩器（包括三彩俑）和搅胎器，搅胎器是中原产品无疑，三彩器尚难辨别，但其工艺仿自唐三彩同样是无疑的。出土的金属器中比较突出的是带具，其造型与中原的相同，这就印证了文献中的记载，唐王朝曾几次赐“紫袍金带”给渤海王室贵族。

向大唐学习

靺鞨人长期以来深受中原汉族文化的熏陶和影响，早在隋朝时期就“悦中国风俗，请被冠带”，改变习俗服装，实行汉化。大祚荣建国后更是把学习、推广中原儒学文化，坚持汉化作为建国方针。从“震国”这个名字上，我们就可看出渤海领导者们受中原文化影响之深。大祚荣把建立的国家称“震国”，固然是因为大祚荣之父曾被武则天封为震国公的缘故，另一方面，《周易》中有“帝出乎震，震为东方之卦”这么一句话，粟末靺鞨刚好位于东方，这里可以建国，可以称帝，大祚荣看了后心中十分欢喜，便决定以“震”为国名。渤海国自大祚荣起历代国王都重视学习、吸取中原文化，以儒学治国，坚持汉化。

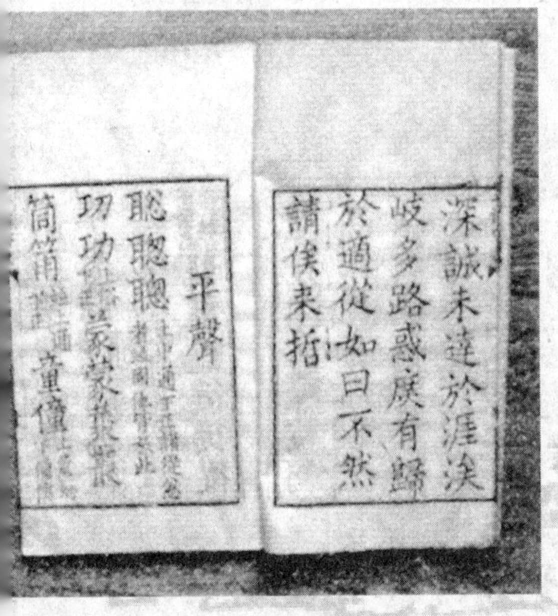
深誠未達於涯涘
岐多路惑庶有歸
於適從如曰不然
請俟來哲

平聲
聰聰聰
功功
筒筩
童僮

唐代张参《五经文字》，这本书对汉字的规范化起了极大的作用

靺鞨人本来是没有文字的，一直以来他们使用一种古老的原始森林象形符号（原始象形文字）来记事。但国家制度建立起来后，这样的记事方法肯定是行不通的。所以，渤海国选择了用汉字作为自己的官方文字。渤海国不仅是把汉字当作自己国家、自己民族的规范文字，而且他们的文章、著作、国书、制诰、表章、牒

状等都是按照唐朝的模式写的，就连用词造句也都差不多。从出土的《贞惠公主墓碑》来看，其碑制形式到碑文文体，完全同唐朝碑文相同。就以其碑文来说，全篇以大唐流行的四六对偶的骈体文墓志体写成，词藻华丽，对仗工整，韵脚谐调，用典贴切，完全是一篇典型的唐朝文献。由此可见渤海文化汉化之深!

渤海国甚至还派遣学生参加大唐的进士科考试。渤海贵族中有不少人如乌照度、乌光瓒、高元固、杨承庆、杨泰师、王孝廉等，都娴习儒家经典，汉文学的造诣极深，与中原文人相比也都是佼佼者，他们所写的诗文也与汉族文人所作差不多。

渤海国建国后一直使用唐历，用唐历指导本国的农业生产。公元 822 年，渤海国引进了唐朝最新颁布的《宣明历》，这部历法比以前的唐历更精准，更能有效地指导生产。后来，渤海还将唐《宣明历》传播到了日本，成为了两国交往史上的一段佳话。

渤海国在城市建设上也完全汉化。渤海国最有名的“五京”，从城市布局到建筑风格甚至建筑材料、色彩，都以长安为楷模。尤其上京龙泉府，更有“小长安”的美誉。

登州风波

但渤海与唐朝的交往也并非一帆风顺，其间也曾经发生过不愉快的事情。唐玄宗开元八年（公元 719），第二代渤海王大武艺即位。大武艺是一位雄心勃勃的国王，他在位期间一直热衷于扩大渤海的版图，次第兼并了周边的靺鞨部落。渤海咄咄逼人的扩张势头使北方的黑水靺鞨十分戒惧，于是向唐王朝寻求保护。黑水靺鞨的投诚当然受到了唐王朝的欢迎。据《旧唐书·靺鞨传》记载，开元十三年（公元 725），唐朝置黑水军任命黑水部酋长为都督，并派遣长史镇护其

地。开元十六年（公元 728），唐朝更赐李姓于黑水都督，改名献诚，又授其为云麾将军、黑水经略使。唐朝政府优遇黑水靺鞨，并在其地建立羁縻州、军，其用意就是为了牵制日益强大的渤海国。唐在黑水部的成功经营使大武艺处在了腹背受敌的窘境，他对自己的部下说道："黑水途经我境，始与唐家相通。旧请突厥吐屯，皆先告我同去。今不计会，即请汉官，必是与唐家通谋，腹背攻我也。"

为了摆脱这种不利的局面，大武艺首先攻打力量弱小的黑水部。但是他的弟弟，曾出使唐朝的大门艺却反对大武艺的决定。大门艺指出："黑水请唐家官使，即欲击之，是背唐也。唐国人众兵强，万倍于我，一朝结怨，但自取灭亡。昔高丽全盛之时，强兵三十余万，抗敌唐家，不事宾伏，唐兵一临，扫地俱尽。今日渤海之众，数倍少于高丽，乃欲违背唐家，事必不可。"黑水既已投诚唐朝，攻击黑水也就是背叛大唐。而大唐比渤海国要强大得多，与大唐相争无异于以卵击石。言下之意就是劝大武艺不要试图挑战唐朝在东北亚的宗主地位。当时刚愎自用的大武艺不仅听不进弟弟的劝谏，反而认为他试图里通唐朝推翻自己的王位。他命令从兄大壹夏接管大门艺的军队并将其诛杀，大门艺被迫逃往唐朝。大武艺数次遣使来唐要求引渡大门艺，唐朝政府以种种理由予以拒绝。

大武艺盛怒之下，竟然在开元二十年（公元 732）出兵攻打登州。渤海军队通过"朝贡道"的路线，即从泊汋口至鸭绿江口，经石人汪、青泥浦，至都里镇，过乌湖海到达登州，大致在今天渤海东南部与黄海交界处。这条线路是唐时"登州海行入高丽渤海道"的一部分。同年唐军联合新罗军南北夹击渤海，因遭遇风雪受阻作罢。从此，渤海与唐的关系中断了数年。从战局表面看来，渤海并没有输，但陷入大唐、新罗、黑水靺鞨的包围圈中，渤海国已经吃了一个哑巴亏了。后来大武艺也意识到，这样僵持下去对渤海国的发展有百害而无一利，于是主动上书向唐请罪，这才挽回了两国间的关系。此后，两国和平相处，再无战事。

安史之乱的考验

时隔多年，又有一件大事考验了渤海与大唐之间的关系。大钦茂迁都上京时，正值唐朝安史之乱爆发，在复杂矛盾面前，大钦茂忠于唐朝稳重行事。当时安禄山以平卢节度使兼任两藩、渤海、黑水等四府经略史。渤海是安禄山统辖下的管区。安禄山叛乱希望渤海遥相呼应。然而渤海王大钦茂为保持与唐朝的友好关系，维持渤海安定的社会秩序，采取各种措施防止叛乱对渤海国的影响，在做好防止叛乱冲击国土的军事准备的同时，对来使包括唐朝特派使臣，都持非常慎重的态度，惟恐不慎卷入叛乱，影响两国关系。《渤海国志长编》记载：“秋，平卢留后徐归道果毅都尉行柳城郡兼四府经略叛官张元涧来征兵马，且曰：今年十月，合诸军击禄山，请王发骑四万来会，王留元涧未遣。是年十二月，归道叛附安禄山，王遂不果发兵。”说明渤海国在安史之乱时是坚决同唐王朝站在一起的。文王按兵不动，对叛乱采取抵制、慎重、理智的态度，没有急于发兵，自始至终保持着忠于唐朝平定安史之乱的立场。代宗宝应元年（公元 762

清刻本《安禄山事迹》

安禄山事迹卷上
華陰尉縣姚汝能纂
安禄山營州雜種胡也小名軋犖山母阿德氏爲突
厥巫無子禱軋犖山神應而生焉是夜赤光傍照羣
獸四鳴望氣者見妖星芒熾落其穹廬
時張韓公使人搜其廬不獲長幼並殺之禄山爲
人藏匿得免
怪兆奇異不可悉數其母以爲神遂命名軋犖山焉
突厥呼鬬戰神爲軋犖山

年）安史之乱平定之前，唐诏渤海为国，也充分表现了唐对渤海的友好态度。

渤海王朝与唐王朝的关系一直十分亲密，因此渤海人也一直想当然地视中原王朝为宗主国，从而在心理上对中原王朝产生了某种依恋之心。据历史记载，渤海为契丹所灭之后，渤海人也曾为复国做出多次努力，每次起兵反抗，一旦义军稍有根基，他们便会派使者前往中原王朝，期望获得中原政权的承认，怀念旧主的拳拳之心实在令人无法不为之动容。

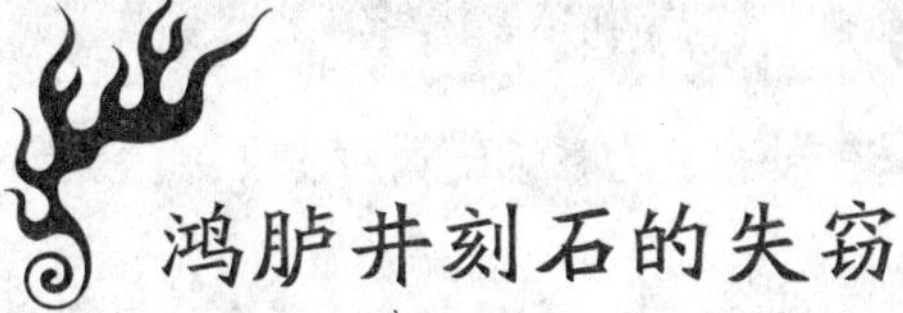

鸿胪井刻石的失窃

鸿胪井和刻石具有重要的历史价值，它们作为渤海国与中原王朝关系的重要见证物，向来受到中国政府和当地人民的重视。从明代嘉靖年间到清代光绪年间，中国各级官员先后 6 次在刻石表面“鸿胪题记”的周围留下了自己的题刻。然而，随着时间的磨砺和历史的沧桑，到清朝末年时，鸿胪井和刻石也早已湮没无闻了。直到 1895 年清朝北洋水师在旅顺修建船坞时，才重新发现了鸿胪井。官方对此十分重视，重新修葺后，海防兵备道刘含芳在原刻石左侧又添镌小字五行：

此石在金州旅顺海口黄金山阴，其大如驼，开元二年至今一千一百八十二年，其井已湮，其石尚存。光绪乙未冬，前任山东登莱青兵备道贵池刘含芳作亭覆之，并记。

但鸿胪井所在的旅顺口地处军事要塞，向来为列强们所眼馋。清末国力日渐衰弱，只能任人宰割，因此鸿胪井的命运也就难测了。挖凿时的两口井，到后来只剩一口，另一口在黄金山南麓，被沙俄修筑军事工程时破坏掉了，再也无迹可寻。日俄战争后，日军占领旅顺口，日本前旅顺海军镇守府司令官富冈定恭下令将此石运回日本。1911 年，在井的原

日俄战争期间，被日军摧毁的中国旅顺东鸡冠山北炮台残景

址附近另立了一个“鸿胪井遗迹”的石碑。富冈定恭在碑文中称：“唐开元二年，鸿胪卿崔忻奉朝命使靺鞨，途过旅顺，凿井两口以为记验。唐开元二年距今实一千二百年有余。余莅任于此地，亲考崔公事迹，恐湮灭其遗迹，树石刻字以传后世尔。大日本明治四十四年十一月，海军中将，从三位、勋一等功、四级男爵富冈定恭志。”这口仿碑就是日本人盗取中国文物的铁证！

追讨鸿胪井刻石

鸿胪井刻石不仅记录了1000多年前的一段历史，也记录了中华民族一段难以忘怀的国耻。当年那位考证出碑石上“忻”字为动词的王仁富教授对此痛心不已。王教授是中国图书馆学会会员、中国辽金及契丹女真史学会会员、中国索引学会理事，曾任职于吉林白城师专，现已退休。王教授从1994年起开始研究鸿胪井碑文，在研究中渐渐地对鸿胪井刻石和崔鸿胪都产生了深厚的感情。他越来越觉得，本该属于

日本皇宫保存的鸿胪井刻石及井亭

自己国家的国宝却被收藏在别的国家，这是件多么令人遗憾的事！从此，王教授开始了长达近 10 年的讨回国宝的努力。他遍访全国，到处寻找崔氏后人，并计划组团前往日本讨回那块刻石。如今，已经 60 多岁的王教授还在为了刻石四处奔波，因为要回刻石、使国宝重归祖国，已是他余生最大的心愿！

四、渤海国政治和经济概况

大钦茂迁都上京后，仿照唐朝的政治制度，完善了渤海的统治机构。

渤海国比照唐中央政权的办事机构设置了三省、六部、十二司、一台、八寺、一院、一监、一局、十卫，并配备了相应的官职，确定了管理职责。

“三省”即政堂省、宣诏省、中台省，政堂省，仿唐尚书省设置。政堂省是渤海国最高行政机关，负责渤海国的一切庶务。宣诏省，仿唐朝门下省而设置，负责掌管审议国策、颁布国家法令等事务。中台省，仿唐朝中书省而设置，负责掌管渤海军政要务的审议和决定。

“六部”即忠部、仁部、义部、智部、礼部、信部，各相当于唐朝的吏部、户部、礼部、兵部、刑部、工部。

“一台”即中正台，仿照唐朝御史台而建，是渤海国的最高监察机关，负责掌管国家典章制度、刑法执行情况和监察百官罪恶。

“八寺”即殿中寺、宗属寺、太常寺、司宾寺、大农寺、司藏寺、司善寺、兵器寺。殿中寺仿唐殿中寺而置，负责掌管国王的衣食住行；宗属寺仿唐宗正寺而建，负责掌管渤海宗室王族属籍；太常寺与唐朝太常寺同名，掌管王国礼乐、祭祀等等事宜；司宾寺即鸿胪寺，负责掌管凶丧礼仪、外事活动等事宜；大农寺仿唐朝司农寺而建，负责掌管渤海国仓储存积和百官俸禄诸事宜；司藏寺仿唐朝太府寺而建，负责掌管渤海国财政收支、对外贸易等事务；司善寺仿唐司善寺而建，负责掌管渤海王府酒食供应、宴享牲祭等事务；兵器寺仿唐卫尉寺而建，负责掌管渤海国兵器储备和收藏等事宜。

“一院”即文籍院，仿唐朝秘书省而建，负责掌管经籍、图书、天文历法撰修著述等事务。

“一监”即胄子监，仿唐朝国子监而建，是掌管渤海国教育的行政机构。

“一局”即巷伯局，仿唐内寺省而建，负责侍奉王室、宣谕制令等事务。

大钦茂在建立三省六部封建中央集权制度的同时，也逐渐完善了渤海国的官吏制度。渤海国效仿唐朝实行品官制、阶官制、勋官制以及爵位制度。渤海实行了与唐朝类似的九品官制。唐朝时文职九品官制每品各分正、从，第四品起正、从品又各分上、下阶，共为三十等。武职九品官制自三品起即分上、下阶，共三十二等。渤海官员有正、从品之分，共十八等。散官也有文武之分，文散有紫绶大夫、青绶大夫、献可大夫等；武散有辅国大将军、慰军大将军等。勋官史料记载不是很清楚，只有一个“上柱将”。爵位则主要有公爵、子爵、男爵这么几等。

渤海国王在渤海统治区内是最高统治者，国王专制独裁，有至高无上的权力。渤海国王及其王亲们的称呼都有严格的规定。渤海人称国王为“可毒夫”，行文时称“基下”，朝会时当面称呼为“圣王”。国王之父亲称“老王”，母亲曰“大妃”，长子曰“副王”，诸子称“王子”，女儿称“公主”等。渤海实行的王朝世袭制，国王去世，由嫡长子继承王位，经唐朝皇帝册封后即可称王。

海东盛国——渤海经济概况

多年来代代国主的苦心经营，终于使渤海国势蒸蒸日上，成为了扬名天下四海称羡的“海东盛国”。

1. 农业概况

古代日本人生活场景

渤海先世早已从事农业生产，渤海建国后，统治者对农业十分重视。渤海国深受中原农业文化的影响，对农业生产进行了一系列改革，引进了中原先进的生产经验和生产工具，使农业生产很快发展起来，并成为社会的最主要生产部门。大钦茂时，仿照唐朝的经济管理机构，设立了大农寺，掌管劝农、屯垦、营田等事宜；设司藏寺，掌管租赋、财货、廪藏等事宜；在信部设水部郎中，掌管全国水利事宜。渤海国通过设立专门的农政机构，加强了对全国农业经济的管理，促进了渤海国的农业垦殖和经济发展。

东北经济重心的北移 大祚荣建立渤海国后，经过 200

余年的开发，以长白山区为腹心的东部山区出现了一批围绕“五京”等政治中心而兴起的新垦区，如忽汗河流域、海兰江流域、珲春河流域、率宾河流域及兴凯湖湖宾地区等都垦出了片片农田。尤其是上京龙泉府、中京显德府和东京龙原府所在各地，不仅开发出了大片旱田，还出现了水田。这是东北地区农业开发史的一个重要里程碑。正由于垦区向北的不断扩展，使中国东北部的经济重心出现了北移。

农作物品种的增多 渤海人的农作物品种也在不断增加，还形成了不少名特产品。渤海国时期除了继续种植高句丽、扶余故地的作物品种外，还积极从中原和日本、新罗等地引进新的作物，作物品种数量迅速增加。他们不仅有了粟、麦、穄和葵菜，还有了水稻、豆类、荞麦、大麻、苘麻和大蒜等，而且还种植有李、梨等水果。在黑龙江下游平原一带居住的黑水靺鞨种有独特的“粟麦”，在牡丹江流域还出现了荏（即白苏）的种植。

水稻种植的北移 人们已经在考古发现了实物证据可以证明辽东在距今3000年前就开始种稻。在辽东人开始种稻一千七八百年后，文献中才第一次出现了他们种稻的文字记载。这绝非历史的偶然。盛唐之世，中原文明以其强大的影响力向周边扩散。那么，南方的种稻技术以前所未有的规模传入渤海地区是势所必然的。另外，渤海与日本经济文化交流也盛极一时，日本人掌握的种稻技术也随之传入了渤海。尽管渤海“土地极寒，不宜水田”，但经过渤海人民的大胆尝试，还是把水稻种植大大向北推进了。近年来，有人还在宁安县渤海镇附近牛场发现了古渠道的痕迹，可见渤海人已经懂得了兴修水利灌溉工程的技术，知道利用江河之水灌田种稻，说明早在渤海国时期水稻种植就已经推进到北纬45度附近的牡丹江流域。

铁器与牛耕的普及 渤海之前，高句丽、扶余、沃沮等族活动地区就已经出现了铁器，但还不十分普遍，而且尚未完全排斥石器，有些地方还有石制农业生产工具的出土。到渤海国时期，铁制农具进一步普及和发展，尤其在长白山以

北和以东地带，也逐渐步入铁器时代。1963 年，考古人员在上京龙泉府遗址地下 1 米深处发现一柄由质地坚硬耐磨的生铁模铸制而成的铁铧。这柄铁铧铧体平直，造型古朴，与辽金时期的铧比较接近。同时，专家们根据这柄铧的形制、构造及其重量推断，它肯定是铁木复合农具的重要组成部件，它能与木质的犁杖及其他附件配套构成一件非常复杂的耕地工具。这样大的犁铧人力是难以驾驭的，所以，当时肯定已经采用了畜力牵引，这就说明当时的渤海人已经由鞑鞨时代“田耦以耕”，进入由畜力牵引的时代。畜力牵引在今天看来没什么，但却是农业发展中的一个了不起的进步啊！此外，在敦化、和龙、宁安、东宁等渤海遗址和墓葬中，也出土了大量铁器，其中有镰、铲、锸等农具。这些铁制农具制造精良，如铁镰长 25 厘米，刃部弯成半月形，便于收割。

饮酒风俗的形成　我国东北地区，冬季漫长，气候寒冷，因而自古以来便饮酒成风。再加之东北的高粱、玉米等农作物生长期特别长，达半年之久，其原料质量要优于其他地区的粮食作物，用来酿酒也颇有优势。渤海国时期的农业迅速发展，粮食多了，渤海国酿酒业也发达起来。渤海人会酿很多种酒，按照原料的不同有米酒、曲酒及大米酒等。但渤海人最擅长酿的还是米酒。渤海人不仅擅长酿酒，他们还爱喝酒。渤海人性情真率豪爽，民间豪饮成风，不仅文人墨客，就连普通百姓也盛行饮酒。

目前东北地区较为有名的酒有：北大仓酒、凌川白酒、千山酒、长白山葡萄酒、中国通化葡萄酒。

2. 畜牧与渔猎

渤海国山林水草资源丰富，因而畜牧和渔猎十分兴盛。

畜牧　渤海人普遍养猪，渤海国的扶余故地仍是养猪业最发达的地区。渤海人还长于饲养马。尤其在渤海东北部，马的饲养相当普遍。考古资料表明，渤海人常常以马、牛、羊、豕等家畜作为随葬品，可见，不仅是猪和马，渤海人还饲养了牛和羊。

渔业和水产业 渤海渔业和水产业也很发达。渤海国面向大海，拥有较长的海岸线和辽阔的海域，同时，国内河湖交错，因此，无论海产还是淡水产资源都极为丰富。原本这一地区便素以渔猎经济为传统优势，渤海立国后，其渔业又在原有的基础上有了新的发展。在渤海遗址中，人们发现了长圆形陶网坠，形制与近世铅网坠相近，可见当时渤海人已经用大网从事规模较大的捕捞作业。

东北北部地区海洋渔业在渤海国时期开始闻名于世。渤海国内从事渔猎的，主要是越喜、铁利、拂涅、虞娄等部的居民。渤海国曾多次向唐朝进贡海鱼、海豹皮、鲻鱼、昆布等海产。唐朝开元七年（公元 719 年）八月，渤海国遣使向唐朝进献"鲸鲵鱼睛"，鲸鱼一般生活在较远的海域，表明渤海人已经能进行远洋捕鲸作业。

狩猎 渤海狩猎业也有新的进展。"鸟枪换炮"，渤海人用铁制的弓箭代替了木弓石弹，因而狩猎的技术也大大提高。渤海人狩猎是相当有特色的，因为他们是最早利用鹰、鹘、犬等作为狩猎帮手的猎人之一。他们也因此培养出不少好的优良猎犬、猎鹰，尤其是猎鹰珍品"海东青"，常常被

日本风情

作为贵重礼物贡于唐廷。从开元十年到元和十年的90年间，渤海人向唐进贡鹰、鹘达10余次之多。渤海人是非常好的猎手，他们每次狩猎猎品也十分丰富，见于记载者有虎、豹、海豹、熊、野猪、鹿、狐、菟、鼠、貂等等，除了供当地人食用外，还常作为名贵贡品和输出品，深受中原及日本欢迎。

林特产 因为背靠资源丰富的长白山，渤海国也有极其丰富的林特产。当时著名的林特产为山参、野蜜、白附子和松子等，也是渤海国向唐朝和日本贡、赠的重要特产。例如，公元739年，渤海文王曾赠送给日本圣武天皇“人参三十斤，蜜三斤”。渤海靺鞨人对人参的药用价值已经有了较为充分的认识，公元925年，渤海国王派使臣到唐都洛阳“贡人参、松子”，人参已经成为了渤海闻名遐迩的名贵特产。

3. 手工业

渤海人在农业生产发展的基础上，也加强了手工业的发展，尤其是手工业作坊广泛兴起。发掘的上京龙泉府遗址中，朱雀大街两旁都是各种手工业作坊的坊址。渤海主要手工业有纺织、铜铁冶炼、金银品制作、陶瓷、造船、砖瓦和石料加工等。

纺织 渤海国主要的纺织品有布、绵、紬，产地主要在今吉林省延边朝鲜族自治州和龙县附近地区（显州）、朝鲜咸镜南道（沃州）和牡丹江中游（龙州）。渤海国的纺织品不仅质量好，而且产量高。辽灭渤海国后，东丹国每年还要向辽进贡粗布15万匹。

矿冶 渤海矿冶业也相当发达，能生产金、银、铜、铁等多种产品。尤其是铜，纯度高产量大，是渤海的主要出口产品之一。渤海国铜的冶炼和制作已经有了一定规模，今黑龙江省宁安县以南的哈尔巴岭一带和东宁县大城子地区，是冶铜的主要地区。渤海的铜器制造业也相当发达，制作的生活用的各种铜器和装饰品，如铜镜、铜盒、鎏金铜锁、鎏金铜铺首、铜佛等，都十分精美。此外，他们还把大批熟铜运

到今山东半岛（淄青）贩卖。

渤海人善炼铁，宋人王曾奉使辽国，途经柳河馆，“西北有铁冶，多渤海人所居，就河漉沙石，炼得成铁”，饶州城内 4000 渤海人户中，更有 1000 户为冶铁户。铁的产地主要在中京显德府。现在人们已经发现的渤海时代的铁制品已将近 50 多种。

渤海人也能制作金银制品。和龙县北大地、宁安县上京、敦化县六顶山等处渤海遗址，出土了大量金带、金饰件、金钏、金耳珰以及鎏金器物和银钗等等金银饰品。据史记载，公元 814 年（唐元和九年），他们曾向唐献金、银佛像各一座。

陶瓷 陶瓷制品近十几年在渤海遗址中出土很多。主要有陶缸、陶甑、陶盆、陶盘、陶钵、陶罐、陶盒、陶碗、陶瓶、陶壶、陶砚等。一些手工艺器，制作十分精美，有很高的欣赏价值，如“玛瑙柜”、“玳瑁杯”、“紫瓷盆”等。考古学者在宁安、敦化及今俄国乌苏里斯克（双城子）等地的渤海遗址中，发现了不少釉陶和质地优良的三彩陶瓷器残片。另外，20 世纪 60 年代初在渤海上京故城南的今杏山乡，发现了大片渤海砖瓦窑群废墟，1980 年探明有 20 余座。由此可证明渤海制陶生产规模是相当大的。

砖瓦 渤海国制砖、制瓦技术也很高，工艺也很精美。制的砖上印有文字，称文字砖；有的印有图案和花朵，称为宝相花纹砖、缠枝忍冬花纹砖。这些瓦质量很好，虽经千年，仍很坚固，有些瓦上还印有文字，被称为文字瓦。石料

日本海船

加工业也相当发达，因为石料比砖、瓦应用更广。渤海人一般都利用玄武熔岩，经过加工制成规整的方形或长方形，有的凿琢成圆形础石、石门砖和石臼。这些砖、瓦、史料也都是建筑业的重要材料。

造船　渤海渔业尤其是海洋渔业之发达，是以造船技术之进步作为条件的。当时渤海造船业规模甚大，在东京龙原府及南京南海府附近的港口城市，如盐州、吐号浦等地，造船业都很兴盛。故渤海船队能远行日本乃至唐朝各地。日本史籍中有渤海国船只装货载人的记载：光仁天皇宝龟四年

日本遣唐使的船

渤日交流时期的海船模型

（公元 773 年）渤海国派遣乌须费等 40 人乘船一艘出使日本；桓武天皇延历五年（公元 786 年），渤海国派李元泰等 65 人乘船一艘出使日本。渤海船一次除了运载 60～70 人外，还要运载相当数量的礼品、“市易物品”出没于惊涛骇浪之中，可见渤海造船是相当坚固的。

4. 商贸

渤海人在商贸上的作为主要表现在互市、集市、客商等方面。商品贸易发展既满足了渤海社会的需要，又促进了渤海经济的发展。

互市 公元 713 年，大祚荣受封后就派遣王子入唐“请互市”，得到了唐王朝的同意，于是双方贸易“岁岁不绝”。山东的登州（蓬莱）和青州（益都）是双方贸易的主要集散地，登州常停泊着渤海的“交关船”（贸易船），唐廷在青州设置“渤海馆”专管与渤海的商贸活动事宜。渤海与唐朝进行贸易的物产主要有稻、麦、粟、麝、葵、豉、盐、骨咄角、青鼠皮、银鼠皮、铁、布、绵、雉尾、螃蟹、木材等，比重最大的则是“渤海名马”、渤海熟铜等；唐朝则以农产

品、纺织品和工艺品与渤海进行交易。

集市 除了唐朝，渤海还与四邻各族和日本进行贸易。渤海人在辽东与高丽的边界处立集市，以通“高丽之货”。

客商 渤海国还有专门从事贸易行业的往来各地的“客商”，他们把当地的特产运到外地出售，再把外地的货物运回出售。前面我们也已经提到过渤海人经常通过船只装载“市易物品”去日本进行交易。又如史书中提到，渤海人“往往为园池植牡丹，多至三二百本，有数十干丛生者，皆燕地所无，才以十数千或五千贱贸而去”。

“皮币”之疑 公元 727 年，大武艺遣使访问日本，并修“国书”一封给圣武天皇，在这封“国书”中出现了“皮币”一词。有人怀疑，这就是渤海国自己所发行的一种货币，但由于没有其他的史料或考古上的证据作为辅证，也有不少人认为“皮币”指的其实就是皮草，渤海国通用的钱币应为唐朝所发行的钱币。

日本《东征绘传》中描写鉴真和尚准备登船的情景（局部）

和同开珎钱币

但渤海国极有可能曾经自铸钱币。有人进一步从以下几方面着手进行了大胆的推测：

第一，《辽史·太祖纪下》载：公元926年耶律阿保机攻下渤海上京龙泉府后，“以所获得器币诸物赐将士”，说明渤海国库里有大量钱币；

第二，唐朝中后期钱币短缺，根本不具有供给渤海使用唐朝钱币的条件；

第三，由于商贸的繁荣和冶金技术的发展，渤海完全有理由、有条件自铸钱币。

目前，只是还缺少考古上的证据来证实这个观点了。

5. 交通

渤海国与各国间往来极为频繁，唐王朝在山东登州都督府城南街还专门设有渤海馆。商贸的发展，必须要有发达的交通。为此，渤海国修筑了五条道路与外界沟通，以密切经济文化的往来。

“长岭营州道”：从上京龙泉府旁奥娄河（牡丹江）南行，经长岭府营州（辽宁朝阳县）入幽州（北京），取道洛阳通往长安，是迁都上京前就已经打通的通往长安的交通要道。

“鸭绿朝贡道”：从上京龙泉府陆行至西京鸭绿府（吉林临江镇），乘船沿鸭绿江顺流而下，入海渡乌湖海（今渤海湾），取道登州通往长安。

“龙泉日本道”：从上京龙泉府取道东京龙原府抵海边、驾船渡海通日本，被称为“东方海上丝绸之路”。

“扶余契丹道”：从上京龙泉府取道扶余府，通契丹。

“南海新罗道”：从上京龙泉府取道南京南海府，通新罗。

这五条通道既有陆路，又有水路，水陆交通都较为便

利，特别是前三条通道使渤海国与唐朝、边疆与中原紧密地连接在一起，沟通了渤海国与日本的联系，从而极大地推动了渤海国的政治、经济、文化的发展。

6. 渤海国特产

《新唐书·渤海传》记载："俗所贵者，曰太白山之菟，南海之昆布，栅城之豉，扶余之鹿，鄚颉之豕，率宾之马，显州之布，沃州之绵，龙州之紬，位城之铁，卢州之稻，湄沱湖之鲫，果有丸都之李，乐游之梨。"

其中，"太白山之菟"和"扶余之鹿"是渤海太白山和扶余附近出产的受欢迎的猎品。

昆布即海带，南海即今朝鲜咸镜道沿海一带。

豉就是一种大豆制品，"可调和五味，可甘尝"。渤海图们江和珲春河流域盛产优质大豆。所谓"栅城"，就是位于今吉林省珲春境内的八连古城。

渤海人普遍养猪，渤海国的扶余故地仍是养猪业最发达的地区，"鄚颉之豕"是具代表性的名产。鄚颉府治位于今黑龙江省阿城，属松花江、拉林河流域，平原沃壤，为当地发展农耕与养猪相结合的混和经济提供了便利条件。

渤海人还长于饲养马。尤其在渤海东北部，马的饲养相当普遍。最有名的当属"率宾之马"。率宾府地处绥芬河流域，此地的马匹享誉各国，是渤海向外输出的著名产品。直到渤海灭国后，还是不断有人到此地求良马。例如，割据在山东半岛一带的方镇李正己，"货市渤海名马，岁岁不绝"，可见对渤海名马喜爱之深了。除了率宾地区外，黑水靺鞨及铁利诸部也以产马而著名。

显州即今吉林省和龙县西古城子遗址。据史料记载，当时这一地区普遍植麻，麻衣也成为当地名产，所以就有了"显州之布"一说。

沃州为南京南海府首州，地处当今朝鲜县镜南道之德源，这里的柞蚕丝绵业相当兴盛，绵是当时沃州最有名的特产。

龙州为渤海上京首州，即今黑龙江省宁安县渤海镇上京

龙泉府遗址。龙州有不少能工巧匠，他们所织出的丝绸异常精美。龙州出产的“鱼牙绸”和“朝霞绸”都曾是渤海给唐朝的高级贡品。

渤海冶铁中心是“铁州”，其境内铁矿丰富，工匠们的冶铁技术也颇为高明，尤其是该州内的位城县（今朝鲜咸镜北道茂山一带），曾以“位城之铁”而名闻天下。与铁州邻近的兴州还有“铁山县”，也是一处冶铁基地。

渤海国还出现了著名的稻种——“卢城之稻”。据考证，卢城就是位于今吉林省开山屯镇北约 15 华里的船口古城。当时卢城地处图们江流域，一直是东北颇负盛名的稻米之乡。直到“伪满”康德年间，这里所产的稻米仍被当作“御米”，备受推崇。

渤海淡水鱼产资源也很丰富，有文章鱼（鲤鱼一种）、鳇鱼等名产，其中“湄沱湖之鲫”更是闻名遐迩。湄沱湖即今镜泊湖，所产鲫鱼红肚、味美，是历代的宫廷贡品。

丸都为今吉林省集安县城北的山城，该地属鸭绿江中上游地区，背负老岭山脉，地处暖温带，气候温暖湿润，号称吉林省“小江南”，其天然环境非常适合“李”这样的亚热带植物的生长。“乐游之梨”现在虽地点不可确考，但无疑也是渤海国的一项著名特产。有学者对俄罗斯滨海地区的斯拉维扬区夹皮沟河谷附近地区生态环境的考察，认为现在广泛分布在这个河谷地区的瓜果作物，有大半都是渤海农民从前在这里栽培出来的。

渤海外交政策

渤海地理位置微妙，处于唐王朝、新罗、契丹、日本的重重包围之中，为了自强图存，渤海各代统治者历来奉行远交日本、对峙新罗、警惕契丹的外交策略。

1. 远交日本

唐朝、日本、新罗、渤海形势图

日本与渤海隔海相望，在版图上不存在直接的冲突。而且日本素来与新罗交恶，而渤海要防止新罗北进，与日本结成战略同盟，无疑是一个最好的选择。同时，与日本间的文化、商贸交流也能互通有无，从而促进两国的共同发展。

2. 对峙新罗

渤海与新罗的势力范围同在东北亚大陆，一山不容二虎。再加上，历史上渤海的先祖曾经多次侵扰新罗，两个民族间仇怨较深。新罗绝不乐见渤海坐大，渤海也不能容忍新罗的进一步扩张，两国间的关系一直十分紧张。

3. 警惕契丹

渤海与契丹间结有世仇。当年唐廷派往追捕出逃渤海人的大将李楷固即为契丹人。其所率士兵，也都是契丹人。天门岭一战，双方均死伤众多，从此结下世仇。终渤海十五世，一直布重兵于西部扶余府，以防止契丹人的入侵。

渤海诗歌

诗歌是渤海最重要的最有价值的文学体裁。现在我们能看到的渤海诗歌一般都出自日本典籍，多半为渤海使臣在日本所作。从体裁上看，渤海国的诗歌主要有歌行、律诗、绝句、联句，重要诗人有杨泰师、王孝廉、释仁贞、释贞素、周元伯、杨成规、裴氏父子等等。

在现存的渤海诗文中，杨泰师的诗可谓第一。杨泰师曾作五言绝句《奉和纪朝臣公咏雪诗》，诗中写道：

昨夜龙云上，今朝鹤雪新。
只看花发树，不听鸟惊春。

日本的贵族常常参加皇廷的赏月仪式，他们泛舟御园湖上，月光之下吟词赋诗

回影疑神女，高歌似郢人，

幽兰难可继，更欲效而颦。

这首诗主要写雪景，立意新颖而想象奇特，宛如神来之笔，颇有盛唐诗的风韵，即使将它混入唐诗三百首中，也很难看出破绽来。

杨泰师的另一首《夜听捣衣诗》也有非常高的艺术价值：

霜天月照夜河明，客子思归别有情。
厌坐长宵愁欲死，忽闻邻女捣衣声。
声来断续因风至，夜久星低无暂止。
自从别国不相闻，今在他乡听相似。
不知彩杵重将轻，不悉青砧平不平。
遥怜体弱多香汗，预识更深劳玉腕。
为当欲救客衣单，为复先愁闺阁寒。
虽忘容仪难可问，不知遥意怨无端。
寄异土兮无新识，想同心兮长叹息。
此时独自闺中闻，此夜谁知明眸缩。
忆忆兮心已悬，重闻兮不可穿。
即将因梦寻声去，只为愁多不得眠。

公元 758 年，渤海文王大兴二十一年秋，杨泰师出使日本，使命完成，即将回国，日本大臣大保藤原、朝臣惠美押胜等为杨泰师开一席送别宴。杨泰师随即在送别宴上作了这首杂言古体诗，以答谢主人。此诗并用六言与七言，句法不均齐，但这种参错诗句里却别有一种古拙朴素的风趣。客居异邦的诗人，在一个秋天的夜晚，面对月华如水，霜落满地的寂寥秋寒之景，从邻舍传过来的捣衣声触发了诗人思乡之心，而不禁牵起万端愁绪，想起了至爱亲朋，思乡归国之念油然而生。全诗起兴的主要媒体是捣衣声，空间背景是他国，时间背景则是秋夜。这三个因素合起来，就造成寂寂寞寞的思归情绪。尤其诗人着意于安排押韵等诗作技巧，以强化艺术感染力，将秋夜、邻家捣衣女、家乡亲人以及诗人自己的内心世界都描绘得异常动人，情似流水，婉转深沉，朴

实自然。全诗优美和谐，情景交融，读来真挚感人，其艺术成就与唐诗比较，毫无逊色。

王孝廉出使日本时与日本高僧空海等诗人唱和，所作的几首诗也相当出色。《在边亭赋得山花戏寄两领客使并滋三》一诗里写道：

芳树春花色甚明，初开似笑听无声。
主人每日专攀尽，残片何时赠客情。

此诗是王孝廉与领客使坂上今雄、安倍吉、滋野贞主等交游时唱和的。王孝廉以开玩笑的口吻记下了他们之间真挚的情谊，诗的旋律明朗欢快，客观的景物描写与人物的主观感受融为一体。诗里所描绘的日国春光美丽可爱。诗从描绘树上的春花明艳芬芳入手，一个“笑”字把初开的花朵写活了，给静态的景物赋予了动态的情趣。诗中描绘他国的春花、春意，同时抒发了怀故国的客愁和盼望归国的心情，可称得上是春光、友谊与客愁三种因素在抒怀春意之中天然一致的佳构。

王孝廉的《和坂领客对月思乡之作》一诗也是因景抒情情景交融手法运用得十分绝妙的一首。

寂寂朱明夜，团团白月轮。
几山明影彻，万象水天新。
弃妾看生怅，羁情对动神。
谁云千里隔，能照两乡人。

此诗是与领客使坂上今雄唱和的。秋夜的月亮是凄清寒冷的，作为出使异域的旅人，对月最容易产生思乡之感。诗人在寂静的秋夜里，凝望着夜空里的一轮孤月，心中泛起阵阵的思乡波澜。深夜天上月光皎皎，默默地看着蜡烛，寂寞之中，诗人思乡之情连绵不断，可以说是静中寓动、无言中的呐喊。思妇、游子虽然相隔千里，无法团聚，但身处异邦却能为同一明月所照耀，彼此可对明月互寄相思之情。月亮成了思妇、游子沟通感情的媒介，天各一方的亲人，思念之情在月光的传射下彼此得到了默契、交流。这种诗境，非高手是不能达到的。全诗情调郁郁，心情灰灰，但却令人觉得

清新淡白。

渤海国诗人留下的这些诗，大都挥洒自如，语言流畅，格调明快。选词用字很少有雕琢的痕迹。由其中可以看出渤海诗人深受唐诗濡染，处处以唐代优秀诗人为楷模的痕迹。

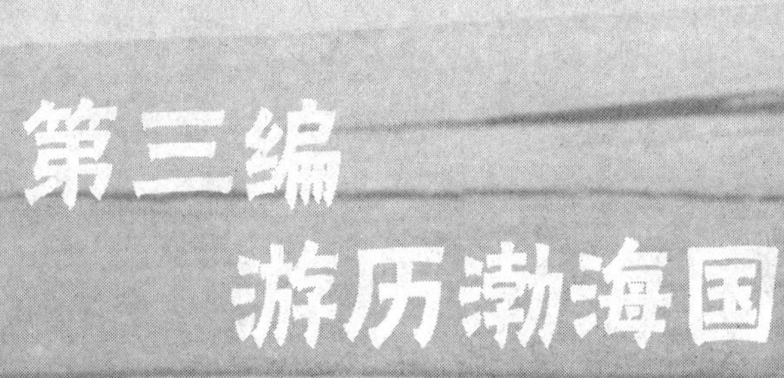

第三编 游历渤海国

一、兴隆寺里话菩提

一座古寺的前世今生

在上京龙泉府遗址附近，有一座兴隆寺。

兴隆寺名为“寺”，其实并不是一座真“寺”，因为现在这里并无驻庙和尚。兴隆寺寺院南北长 142 米，东西宽 63 米，占地面积达 8946 平方米，始建于公元 1722 年（康熙六十一年），后道光、咸丰年间失火烧毁部分殿宇。1867 年（咸丰十一年）新修了几座佛殿，同时又增建了钟、鼓二楼为古刹，并按照典型的清朝建筑风格建成了东西配殿。兴隆寺的大体格局就此完成。

兴隆寺共有五重庙宇。它们分别为：马殿、关圣殿、四大天王殿、大雄宝殿、三圣殿。这五重庙宇都是木制结构，朱栏红廊，雕梁画栋，再加上屋檐上的琉璃瓦，在阳光照耀

兴隆寺，俗称“南大庙”，五重庙宇均为木制斗拱结构

关圣殿

大雄宝殿

下金碧辉煌。其中，大雄宝殿是寺内最具代表性的建筑。这是一座传统的中国单檐山式建筑，前后共三斗、四拱、七铺座，左右三斗、四拱、五铺座，整个殿宇结构严谨，恢宏壮观。

寺庙四周用玄武岩石筑起围墙，庭院中有一株 300 多年树龄的古榆，至今仍树高叶茂。古榆旁是一株株新植的钻天

三圣殿

杨、垂柳等花木。抬头看，整个庭院树木荫郁，苍翠遮天；脚底下，绿草茵茵，几条砂石小径点缀其间，环境格外幽雅。

寺庙内还有许多古趣盎然的碑石，上面记载了一些珍贵的史料。在旧院山门，也就是马殿的附近有几座龟趺石碑，其中就有乾隆为其老师和清初首任黑龙江将军、抗俄将领萨布素为其父刊刻的石碑。马殿后关帝殿东侧还有《重修兴隆寺碑记》，立于咸丰十一年（1867年），上面详细记载了兴隆寺在咸丰年间的修缮情况。

兴隆寺之所以兴盛，或许还在于它与渤海故国的一段缘。据考证，兴隆寺就是在上京龙泉府一座寺庙的遗址上兴建起来的，

大雄宝殿前香炉，是清宣统三年（1911年）在宁安的山东籍各商号捐资铸造

这座寺庙在渤海国时被称作“护国寺”。就护国寺在上京内所在的地址来看，它的地位大概与长安城中的大兴善寺相当，是渤海时期上京城中最大的寺院之一，是王城的佛事胜地，当年香雾缭绕、人潮涌动的盛况可想而知！

1986 年，兴隆寺已被黑龙江省人民政府列为省级重点文物保护单位。目前这里已经建成了黑龙江省渤海博物馆。寺院内保存了一批国家一级重点保护文物，如渤海国时期的石灯塔、大石佛等等；在五重殿内还分别陈列着解放以来各种出土的历史文物，以及元、明、清数百年间的青花瓷器和于 1975 年 4 月出土的渤海“舍利函”。

历尽沧桑的大石佛

史料中记载，兴隆寺还有个别名叫做石佛寺。这大概与寺内三圣殿内的大石佛不无关系。这尊石佛是目前黑龙江境内最大的一尊石佛。它身披袈裟，手持宝扇，项挂念珠，双目炯炯有神，造像庄严、慈祥，是渤海时期的遗物之一。

但是，相传原来大石佛高达数丈，而现在的这尊石佛却已高不足丈了。清初那些被流放的诗人们对大石佛的记录也都有些出入。有的人说它高达“三丈许”，有的则说“高二丈许”，还有人说“今高九尺，而座又三尺余”。其记录皆在清康熙年间，时间上略有先后。看来事情另有蹊跷。后来经人反复考证，这尊大石佛的确是渤海国的遗物，只不过在康熙年间，它被好事者“琢而小之”了。

康熙年间，兴隆寺尚未建立，石佛只能露天而立，因而损毁严重，“首脱”、“鼻端微损”。相传当时曾有个石匠想把大石佛的身躯部分琢成大碾出售。当他来到大石佛前举起大锤正要砸下去的时候，突然头一昏眼一花，失去了知觉，瘫倒在地。等他清醒过来后，发现自己正大汗淋漓地躺在地上。石匠心中十分害怕，他以为是大石佛显灵惩罚了他，他

再也不敢砸了，收拾好工具急急忙忙地溜走了。更奇的是，当晚流放宁古塔的吴兆骞和钱德维都“同感异梦”，像是大石佛知道自己将遭劫难所以特地前来托梦。他们二人不敢怠慢，“于是举石首，凑法相，冶铁固之，即故址建刹”。这一切究竟是巧合，还是这些诗人学者为了保护大石佛所编出来的故事呢？我们已无从考证。但可以肯定的是，清初这些被流放的诗人学者对上京龙泉府遗址的保护是作出了巨大贡献的。

兴隆寺内古钟

这次大石佛被修复后，仍有两丈左右高。之所以变成今天这个样子，可能是后来大石佛又再次被“琢而小之”了，因而只剩一丈二尺高。此后200多年里，一方面因为已经建寺，另一方面可能也因为石佛显灵传说的影响，大石佛再没有多大变化。直到清末民初，社会动荡不安，什么怪事奇事都出来了。又有不知哪个好事者自作主张地将这尊大石佛用泥土包捏住了，大石佛于是成了“大泥佛”。后来，石佛又遭到人为的破坏，手足和面部都已经找不到了。七八十年代曾依据有关材料对大石佛进行过复原，但还是没能恢复其本来面目。

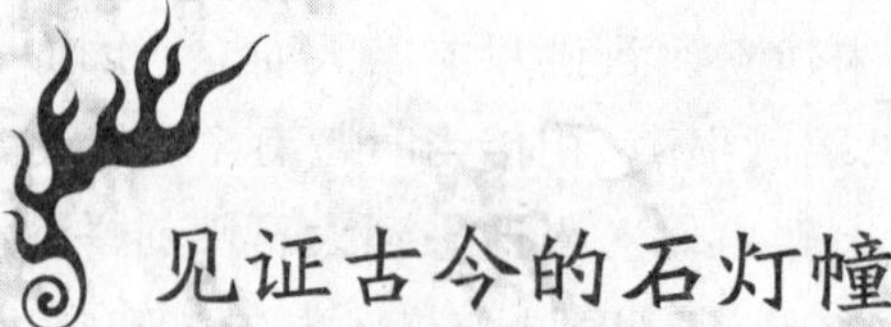

见证古今的石灯幢

兴隆寺中还存有另一件国宝级文物——石灯幢，俗称“石灯塔”，或“石灯”、“石塔”、“灯幢”等。石灯幢位于

兴隆寺大雄宝殿前，是渤海时期遗留下来的著名佛教石雕艺术品，千余年来一直屹立于上京城中，经受了千年的风霜雨雪和战火兵乱，仍未减当年的风姿。它是唐代渤海时期保存下来的最为完整的大石雕，也是已知的唐代石幢类雕刻品地域分布最北的一座。

石灯幢原高为 6.4 米，外表呈灰褐色，后因原刹损坏，现在只剩 6 米高。据专家们的计算，原石灯幢的重量可能达到了 12 吨以上。全幢雕刻精细，刀法娴熟，敦实古朴，巍然壮观，无论从雕刻艺术还是建筑艺术的角度来看，都达到了很高的水平。

从结构和造型上来看，石灯幢大致由幢盖、幢室、幢身柱和幢基座四大部分组成。石灯幢基座由高 1 米的 4 块巨石所组成，呈八角八面形，八面刻出壶门，八角则是宝瓶式的石柱。基座上是一个覆莲状的莲花座。覆莲的中间“长出了”一个圆型石柱，中间部分微粗，像花茎一样连接起底基和上面的仰莲钵。仰莲刻重叠三瓣花片，层层清晰，线条自然有力，看上去宛如一朵盛开的巨莲。仰莲上就是幢室。镂空的幢室被置于八角形的方盘之上，幢室底面略凹。幢室的外形呈八角形，八个角刻出八根立柱，八面各刻长方窗孔，其上又有小窗孔。与幢盖相接处还有雕刻精美的斗栱。而幢盖的形状则像一个小亭子，八角攒尖，盖脊和瓦垅的线条都刻得十分清晰。根据《宁安县志》和《东京城》所记，原刹顶最上层是宝盖，状如覆钵，下面是呈长圆形

石灯幢全貌

幢基座

的瓜状石刻。但原幢盖上的刹顶已经不存在了，现在补制的这个刹顶是半圆形的，远看如同一个馒首。整座灯幢造型优美大方，就像一朵惹人喜爱的水莲花般，亭亭玉立。

19 世纪 70 年代后，石灯幢与上京城遗址一道曾引起了英美旅行者们的极大兴趣。但由于对中国传统石雕艺术缺乏认识，他们见石灯幢结构精妙，各部分间都毫无人工衔接的痕迹，便纷纷认定这个石灯幢是由一块巨石雕刻而成的，从此，“一块石”的说法不胫而走。虽然许多研究者并不相信这种说法，但石灯幢的衔接之谜却是直到 100 年后才真相大白。

300 多年前流放诗人发现石灯幢时，就曾记录它已经“向东小欹”。到 20 世纪 60 年代时，石灯幢向东南倾斜的幅度更大了。70 年代，人们

幢室

馒首状刹顶

为了把它扶正，只有将其各部分逐一拆下。原来，石灯幢的各部分衔接处并不是像一般组合石雕那样平置的，而是凿雕出了相互咬合的榫卯对接而成。因而接缝十分严密，从外表上几乎看不出来。这样的设计，同时还增加了整座石雕的稳固程度，所以石灯幢才能在渤海遗址上屹立千年。

风霜难掩佛骨香——渤海舍利函

1975 年春天，住在上京城内城东侧土台子村的一个姓陈的庄稼人起了个大早，他想趁着天气好赶紧把地里的土给好好翻一下。往年，他每次播种耕地时，铁犁铧老是在一个地方被石头撞坏，庄稼人心里直犯嘀咕：到底这地下有什么鬼呢？就在他汗流浃背干得正起劲时，“当”的一声，犁铧又硬生生地被石头给碰断了。他再也忍不住了，这次非要把这块石头挖起来看个究竟！不料他这一挖，却挖出了一个石匣来，石匣里还有一个上了把大锁的铁匣，庄稼人质朴的想法里，这里面装的肯定是什么价值连城的金银珠宝吧？但纯厚的庄稼人并没有私吞，而是毫不迟疑的将“宝贝”搬回村里交给了生产队。

庄稼人没有弄错，匣里装的的确是“宝贝”，但并非那些沾满了铜臭之气的金银珠宝，而是一种世间最圣洁纯净的无价之宝——舍利子。

舍利，来自梵文 Sarira，也有译成“设利罗”的，即“身骨”的意思。相传佛教高僧修行到一定程度，谢世后遗体在“荼毗”（火化）时就会留下五色“佛骨”，即舍利子。所以宝瓶里只盛有五颗舍利子。晨钟暮鼓，素食单衣，一世苦修，换来这身后不生不灭的五颗舍利。

这一套舍利函共有七重，按质地分有石、铁、铜、漆、银等。第一层是石椁，也就是由六块近 1 米见方的玄武岩所组成的石匣。石椁内置放着第二重石函，由函盖和函身两部分组成。函身 60 厘米见方，函内深约 40 厘米。再里面是一重铁函，铁函由函盖、函身和底座三部分组成。它长、高大约为 30 厘米，宽约 20 厘米。铁函正面上了一把大型的铁制插簧锁，函盖上本有一枚不足 10 厘米长的铁钥匙，但由于年代久远氧化严重，刚出土的时候，人们发现钥匙已经和函盖粘在一块了。然而，当人们将钥匙小心剥落后，竟然真的用它打开了那把已经紧闭千年的铁锁。铁函里是一个长满绿锈、近似一个 20 立方厘米大小的正方形铜函，这是舍利函的第四重。第五重是一件银手脱漆匣。匣内原有一块黑色泥土状物，后经文物工作者的剥离揭取，发现里面裹着的是一个桶状的方形银盒。这就是舍利函的第六重了。第六重银函小巧精美，尤其是盒身内壁四面阴刻的佛家四大天王，每个天王身边又有两位侍者。四大天王形象各异，神态表情都有不同，可说是惟妙惟肖。可惜的是，这件珍贵的文物早已被盗失，至今下落不明。方形银盒里是一件用多层丝织物包裹的与鸡蛋差不多大的桃状圆形银盒，这是舍利函的最后一重了。揭

渤海舍利函

法门寺舍利函

开这个银盒，里面是一只用丝织物裹着的小巧玲珑的淡绿色琉璃瓶。它与甘肃泾川发现的隋唐舍利石函宝瓶，无论从规格和形制，几乎完全相同。宝瓶里装着五颗不怎么起眼的呈半透明状的白色小砂砾，大一点的像高粱粒，小一点的像小米粒，这就是佛门最珍贵的“舍利子”了。

据专家们研究，舍利子的主要成分类似于石英或玛瑙，其实并没有什么特别的地方。但为什么普通人的躯体焚毁后只化成灰烬，而高僧火化时却能留下舍利子呢？这一切，直到今天仍然无人能给出一个合理的解释。

1997 年 8 月，上京宫城外西侧的白庙子村又发现了另一个舍利函。这次的舍利函同 1975 年发现的相比，不同之处在于它虽然也有金银函，但函上面没有纹饰。后来人们经过考证发现，这两处舍利函的发现地都恰好是渤海上京城重要寺院遗址所在，显然，它们都是上京龙泉府古寺庙的重要遗物。

渤海国的遗址上发现了数量庞大的佛教文物，不仅仅是舍利函，还有大量的佛像、佛塔、寺院遗址，历年来，仅上京城内外已发现的寺庙遗址就有十几处了，出土的各种佛像更是已多达数千件。在上京城里，仅从残余的建筑物遗址来看，我们就会发现，寺庙是除了宫廷建筑外最精致最结实的建筑物。

据记载，渤海国的贵族大都虔信佛教，佛教的影响几乎遍及渤海国政治经济文化生活的方方面面；佛教还深入民间，即使在渤海国荒僻的边远地区也不难找到佛教影响的踪迹。吉林省珲春、敦化、汪清、龙井等地均发现了渤海佛寺遗址，连偏远的俄罗斯滨海地区南部的斯拉维扬区夹皮沟河

中游谷地也发现了两处佛教寺庙遗址。

渤海国的宗教文化

渤海的宗教主要有萨满教、道教、佛教等。

萨满教　是靺鞨人所信奉的最古老的宗教。萨满是通古斯语的音译，即“巫”的意思。《三朝北盟会编》卷三称：“珊蛮（萨满）者，女真语巫妪也，以其通变如神。”萨满教最初形成于原始社会后期。关于靺鞨人信奉萨满教的资料很少，我们已经无法知道当时具体的情形。一般来讲，萨满被认为是人和神之间起沟通作用的代言者，能够为人驱邪治病，祈福消灾。对自然力和自然物的崇拜，是萨满教的主要内容。但从渤海社会封建化的情况看，随着道教、佛教的广泛传播，萨满教在上层统治阶级中已经不甚流行，而主要是偏远地区下层民众的宗教。

道教　道教是中原地区的传统宗教，唐朝时被定为“国教”。渤海的道教可能是先从高句丽传入的。渤海建国后，因其与唐朝关系密切而得到了广泛的传播。渤海道教徒众多，不但正式出家的道士女冠为数众多，俗家弟子亦多。但因其教义复杂，清规戒律多等原因，道教在上层信徒多，在

萨满教

下层的影响就小得多了。

佛教 佛教是渤海国占主导地位的宗教。佛教于西汉末年传入中原，首先在帝王贵族中流行，后来逐渐扩散到其他阶层，在魏晋南北朝时期，佛教就已经传到了东北地区。史载，前秦建元八年，前秦僧人就将佛经、佛像带到了高句丽。据《高僧传》记载，沙门支道有与高句丽道人书，称赞名僧竺法深。此事发生在东晋孝武帝初年，时间与前秦送佛经大体相当。也就是说公元 4 世纪时，高句丽就已经有了佛教。佛教在高句丽颇受欢迎。当时高句丽民众还在“居依山谷，以草茨屋”，而佛教寺院和王宫、官府一样得以用瓦修建，可见佛教在高句丽心目中占有不同寻常的地位。

靺鞨人曾经依附于高句丽人，在这样浓厚的佛教氛围下，他们耳濡目染，也纷纷皈依佛门。渤海建国后，更由于统治阶级的提倡，佛教得以迅速广泛传播，一举成为了最有影响的宗教。

有关渤海佛教的记载，史不绝书。渤海历代侯王都笃信佛教。大钦茂取号孝感金轮圣法大王，贞惠、贞孝公主的葬仪也杂有佛教葬法。到唐都去的渤海贵族、使者无不到名刹大寺顶礼膜拜。渤海王子在公元 713 年入长安时，就提出要“入寺礼拜”的要求，渤海向唐廷进献的礼品中，也有精工制作的金银佛像。渤海访日使者在日本活动也要入寺礼佛，因而在日本史料中留下了渤海人礼佛的诗篇，甚而有不少访日的使者本身的身份就是僧侣。

考古资料也进一步证明了佛教在渤海国的流行。在上京龙泉府故城内外，经考古发掘证明大小佛寺遗址就有九座。中京显德府、东京龙原府也都有佛庙遗迹。同时还发现了大量的各种质料、类型、姿态的佛像。这一切都说明佛教流传之广，影响之大，信徒之众。在渤海人居住址中，我们也常常会发现不少佛教遗物。如饶州城址内就曾采集到印有文字残存的佛像和经幢，从幢文中可得知，立幢人是“饶州安民县主事兼领县尉大（下残）”。大氏，正是渤海国姓，可见这

经幢和佛像是渤海遗物。

渤海佛教流派众多，中原各派在渤海都可以找到蛛丝马迹。但渤海佛教还是有一定的地方特色。比如，在佛像的制作中，他们就把自己的北方蒙古人种生理上的特点转塑到他们制作的佛像上。渤海人制作的坐佛通常两腿相盘，两手平放在双膝上，脸盘较宽，上部较窄，颧骨凸出，两眼不大，眯成一条缝，上眼皮耷拉得很厉害。而且身穿宽袖长襟袍，头戴尖顶帽。这种脸型在中原、印度和西藏的佛像上是见不到的。

渤海族的佛门弟子的某些行为也与传统佛教徒大相径庭。佛教五戒云：不杀生、不偷盗、不邪淫、不妄语、不饮酒食肉。而据《松漠纪闻》记载，金初完颜蒲路虎（宗磐）出任东京留守，刚到任就遇到两件与渤海僧尼有关的事，一是，“未抵治所，有一僧以柃瘿盂，遮道而献，曰：‘可以酌酒。’路虎曰：‘皇帝临遣时，宣戒我勿得饮尔，何人乃欲以此器导我邪？’顾左右令洼勃辣骇（女真语为敲杀）”。二是，“又于道遇僧尼五辈，共辇而载。召而责之：‘汝曹群游已冒法，而乃敢显行吾前邪。’皆射杀之”。前者僧人劝人饮酒，所劝的人竟是地方最高长官；后者僧尼无男女之别，在东京大街上同车而行。这种违反佛教戒规的行为，在渤海僧尼那里似乎无关紧要，这恐怕是只有在渤海才会出现的景况吧。

渤海佛教的发达促进了佛教文化，诸如佛教建筑、佛教雕刻、绘画、铸塑等佛教艺术的发达。渤海佛寺没有完整地保存下来，但从遗迹可以推知渤海佛寺建筑规模宏大，造型讲究，设计合理，富丽堂皇。

从考古发掘中出土的大量的佛像来看，渤海佛像铸塑艺术已经相当高超。这些佛像，有石佛、铁佛、金铜佛、烧制陶佛、漆佛、泥佛、石膏佛等等，所用质料，各色齐备，其类型有立佛、坐佛、单佛、连坐佛、四尊佛等，形态多样，姿势不一，无不造型精美、线条流畅、结构匀称、工艺高超，充分反映了渤海佛教艺术所达到的水平。

渤海僧侣在渤海国也有较高的地位。著名僧人如释仁贞、贞素等积极参加政治活动，或代表渤海赴长安求学进贡，或作为使者访问日本，对促进中外文化交流作出了贡献。

二、风光如画的镜泊湖

镜泊湖与渤海国

在牡丹江附近有一种“游湖逛庙”的说法。“庙”指的当然是上京遗址上的兴隆寺，“湖”则是距上京龙泉府不远处的镜泊湖。如果说兴隆寺是以其丰富的人文景观取胜，镜泊湖则是凭借其秀丽多姿的自然山水闻名天下。因风光的秀美，镜泊湖被誉为“北国的西湖”。

镜泊湖，在渤海国时期被称为忽汗海，金代改为阿卜萨湖，明代称镜泊湖，清代又改为毕尔腾湖。镜泊湖是世界上少有的高山湖泊之一，堪与著名的瑞士日内瓦湖媲美。它位于牡丹江市西南 100 多公里牡丹江上游张广才岭与老爷岭群山环绕之中，平均海拔达到 350 米。湖身略似 S 型，呈东北—西南走向，沿山谷蜿蜒，水道曲折有致，峰回路转，就宛若一条银带，浮现在张广才岭下的群山翠绿之中，因湖身

镜泊湖瀑布

镜泊湖

延绵百余里，所以又被称为百里长湖。30 多条大小水源呈向心式汇入湖中，充沛的水源使镜泊湖得以终年保持幽深恬静的美态。

平日里镜泊湖湖面水平如镜，湖水清澈透亮，呈一种蔚蓝色。镜泊湖总面积 95 平方公里，湖面南北长 45000 米，东西最宽处 6000 米，最窄处仅 400 米。所以，我们在地图上看镜泊湖只能看到那么狭窄的一条儿。但镜泊湖的蓄水量却堪比那些有名的大湖，足足达到了 16 亿立方米。原来，镜泊湖面积虽小，但湖盆却比一般的湖泊要深得多。镜泊湖平均水深 40 米，南部湖深最浅处虽然只有几米，可北部却一般都可达到 40～50 米，北部鹿苑岛一带，平均水深 62 米，最深处达到了 73 米，这是太湖、鄱阳湖等大湖的十几倍！

镜泊八景

附近最著名的景点就是被称为“镜泊湖八景”的吊水楼瀑布、白石砬子、大孤山、小孤山、珍珠门、道士山、城墙砬子和地下森林。

1.吊水楼瀑布

吊水楼瀑布是我国位置最靠北的一个瀑布，其高 20～25

吊水楼瀑布

米，宽达 42 米左右，外形上酷似闻名世界的“尼亚加拉大瀑布”。它实际上是坠入同一个潭的两个瀑布，镜泊湖的湖水就是从这里泻入牡丹江的。

看瀑布当然以雨水充沛的夏天为最佳时机。尤其汛期来临时，场面更为壮观：浩浩荡荡的洪水从各支流滚滚而来，蓄积在镜泊湖，然后蓦地从潭口跌下，如银河倒悬，又如万马奔腾，同时发出雷鸣般的巨大轰响，站在几里之外都能听得到。抗日英雄李兆麟将军曾在他的《露营之歌》中写道：“镜泊瀑泉唤起午梦酣。”将瀑布的巨大声响作为唤醒午觉的闹钟，李将军倒颇有几分诗人情怀！

湖水跌落进池中，溅起漫天的水雾。站在附近的观瀑亭上望过去，如果天气晴朗的话，或许能在云蒸雾绕中看到一道彩虹，再加上背后那两条翻腾滚跃的瀑布，宛若两条出海的蛟龙，喷云吐雾，不禁令人心醉神迷。曾有个不知名的诗人目睹此情此景，这样描写道：“飞落千堆雪，雷鸣万里秋；深潭霞飞雾漫，更有露浸岸秀。”

吊水楼瀑布下的潭水

2.白石砬子

白石砬子位于孤山前湖左岸，是由三座白石峰组成的白崖岛，其中左右两座石峰低矮，中间格外高峻，面临湖水，傲然屹立。岛上常年堆积着白色的鱼鹰粪便，像无数块巨岩粘在一起，故而得名“白石砬子”。平日里，白石砬子和邻近的湖岸相接，而当湖水满溢时，石峰与邻岸便被浩淼的大水相隔，成为一座“白崖岛”。

白石砬子下有许多鳜鱼（又称为鳌花鱼）出没。每逢假日，垂钓爱好者三三两两相约来到这里。他们垂钓技术高超，只用一条小小的活鱼即可钓上三四斤重的大鳌花。傍晚时分，砬子下面还可见到成群的红尾鱼跃出水面，使平静的湖水发出“劈劈啪啪”的声响，泛起层层涟漪。

3.大孤山

“大孤山”其实是一座耸立于湖中的仅 1 万平方米的圆型岛屿，岛上针阔叶混交林浓荫日，岸边灌木丛生，春暖花开时节，大孤山上开满了杏花、李花、玫瑰花和兴安杜鹃花等五颜六色的野花，绚丽多彩，故称“花山”。在大孤山东侧湖岸有条伸进湖中的小山梁，那突兀的山梁之首颇似伏在湖中吸水的龙头，当地人称此山梁为“小龙头”。沿着山径登临峰巅，极目远眺，烟波浩淼，水天一色。抗日战争时期，大孤山曾是周保中将军率领的抗日联军的革命根据地。

4.小孤山

小孤山位于大孤山西南处，距北湖头 60 余华里，高出水面 19 米，面积为大孤山的 1/5，相传是红罗女晒鱼网的地方。

小孤山斜卧湖心，崖岸陡峭，孤悬湖面。孤岛石壁上长着一种苔藓类植物，冬夏常青，既有草的嫩绿，又有花的姿容，被称为“石花”。岛上树木以山杨、白桦等阔叶林居多，还有山梨、李子、山丁子、元枣等果树，春深时节，枣树映红，梨花带雨，点缀着小小孤岛，使小岛流满无限生机。

5.珍珠门

珍珠门，位于湖南最狭窄之处，两个小岛分立左右，高

出水面 15 米，远望似两粒珍珠，故称“珍珠门”。两岛间的航道只有 10 多米，历来是湖中的交通要道。

珍珠门风光如画，景色迷人，这里世代相传许多有关珍珠的故事。据说古时候珍珠门岛上有家孙氏客栈，过往客商皆投宿于此。一个夏天的午夜时分，店主突然钓到一个蛤蜊，劈开后，见一颗珍珠闪闪发光，把昏黑的小屋照得通明。一个客商见到后，垂涎三尺，他骗过店主廉价收买了这颗珍珠，又趁着月夜来到店主得珠的地方甩钩垂钓。他果然钓上来一只比碾盘还大的蛤蜊，在壳瓣的缝隙间还闪着金光，肯定是一颗大珍珠。但当他刚要动手摘珠时，大蛤蜊却一下又滚回湖中，并将鱼竿拉进水里，那贪婪的人不肯罢休，不顾一切地跳下水去，紧紧抓住鱼竿不放，结果葬身湖中。

6.道士山

道士山位于南湖中段，它高出水面 78 米，左右有两山环抱，状如“二龙戏珠”。岛上曾有一座古庙，据说于清朝咸丰年间建成，人们都叫它“三清庙”。因当时庙中有一位道士，修行成仙，于是此山便得名为“道士山”。如今古庙已不复存在，只剩下废墟，和绿草如茵宽敞的前庭。

7.城墙砬子

在镜泊湖小孤山西南岸，山岩峭立，怪石峥嵘，山上有座古渤海国石城遗址。此城地势险要，可控制整个镜泊湖地区，据考证，这就是 1000 多年前渤海国为了防御契丹人而修筑的湖州城遗址，是当时的屯兵重镇。至今城墙犹存，城西门较为完好，尚有 10 米城基。对岸山崖石洞中，有座渤海时期留下的墓葬。刚看过了自然界神妙多姿的风光，再来瞻仰一下历史的孑遗，倒也别有一番风味。

相传，大约百余年前，这座古城的对岸，有一个名叫姜儒的老翁隐居在此，故亦有人称此地为“姜公窑洞”。一天，姜儒的侄子路过此地，叔侄偶然相遇，甚为欣喜。姜儒劝侄子放弃戎马生涯，与他一同在这湖滨仙洞中共享人间欢乐。姜儒言称崖下尚有一渤海古墓，里面藏有数不尽的金银珠

宝，但因自己年迈，还从未敢下去探过。年轻人为好奇心驱使，当下忘记了身怀紧急军务，随叔父涉险来到崖底寻宝。拨开荆棘灌木，在一块巨大石屏后面果然发现有个深邃的洞口。二人步入其中，见大厅正中灯火辉煌，一尊朱红灵柩置于大厅中间。忽然间，石壁间两扇石门豁然大开，一潭碧水出现在眼前，远处隐约有座村落。一个渔翁泛舟前来笑迎叔侄二人。叔侄登舟前往，一路花红柳绿，水村山郭，一派世外桃源的升平景象。叔侄欣喜若狂。回时途中，小侄胆大心细，一路做下种种标记，为以后重返仙境指路。不料当他第二次领人前来的时候，却怎么也找不到所做的标记了，只能无功而返。

8.地下森林

镜泊湖西北约 50 公里，张广才岭海拔 1000 米的深山处，有一处 20 公里长的条带状林区。这便是“地下森林”，又被称为“地下绿宫”。这里从东南向西北排列着 7 个大坑，海拔 750 ~ 1000 米，其中直径最大的有 400 多米，深 130 多米，其他的直径大都在 30~50 米之间，深 50~60 米。大坑里长满了各种林木。这些林木长在露天，承受着阳光和雨露，只是因为它们生长在大坑里，即深陷于地面之下，所以被称

镜泊湖

为“地下森林”。经地质工作者考察，这 7 个大坑其实曾经是一组火山群。100 多万年前，火山喷发停止后，火山口岩浆冷却收缩，顶部自然下陷、塌落而形成了大小不等形状各异的 7 个火山口。火山口底部的岩石由于多年风化剥蚀，形成肥沃的火山土，天长日久，火山口底部长出茂密高大的森林，地下森林总面积达 66900 公顷，森林里林木品种繁多，有曲松、紫椴、黄萝卜、水曲柳、黄花松、落叶松、鱼鳞松等珍贵树种，林中栖息着各种野生动物，以及人参、黄芪、五味子等中草药材和木耳、榛子、蘑菇等山珍。三号火坑口上有一座“齐天亭”，站在这里俯瞰地下绿宫，低头望下去，洞底幽深阴晦，就像一口笔直的竖井。若顺着小路和熔岩流动形成的洞穴，还可以直接下到火山口底部，与火山进行近距离接触。

镜泊湖水产与“湄沱之鲫”

镜泊湖四周河网密布，物产众多，犹以渔产肥美著称。镜泊湖水面不宽，但由于较深，所以湖内水生动植物丰富，为鱼类的生存提供了极好的水体条件和食物条件。镜泊湖出产的鲤鱼、鲫鱼远近闻名。同时，再加上镜泊湖在百多万年前曾有过剧烈的火山运动，这也有可能造成附近物种基因的突变，出现一些奇怪的新物种。最近，人们就在镜泊湖附近

鲫鱼

发现了一种身形极为庞大的、尚未证明是何种水生动物的“巨鱼”。有的专家认为它是一种鳇鱼或六须鲇，有的则认为它有可能是生活在湖中的一种两栖类或爬行类或哺乳类动物。

《新唐书·渤海传》中记载的渤海14种“俗所贵者”里，有一种叫做“湄沱湖之鲫”的名贵鱼类。金毓黻先生在《渤海国志长编》里考证出，“湄沱湖”即今黑龙江省密山县中俄交界处的兴凯湖。但是近来也有人提出，所谓“湄沱湖”就是镜泊湖的古称。人们曾尝试比较镜泊湖的鲫鱼和兴凯湖的鲫鱼，发现兴凯湖鲫鱼的色、味都不如镜泊湖的鲫鱼。而兴凯湖距上京遗址那么遥远，在渤海国的时代交通肯定是非常不便利的。要将兴凯湖新鲜的鲫鱼运往上京城，肯定是件劳民伤财的事情，更何况兴凯湖的鲫鱼还不如镜泊湖。还有学者从“湄沱”的词源上来进行考证：“湄沱”是靺鞨语“海”的汉语音译，所以，“湄沱湖”的汉语直译为“海湖”；而渤海时期将镜泊湖称为“忽汗海”，且清代的著述中也称镜泊湖为“水海”，因此，渤海时的“湄沱湖”应该就是忽汗海的别称。

三、渤海古墓探幽

贞惠公主墓

敦化市南5公里处，矗立着东西横亘、连绵起伏的6个山顶，此地也因此得名为六顶山。连绵六峰的六顶山，最高峰为603米，东南有一山岔伸出，山岔两侧的山坳里有左右两个墓区，共有墓葬80余座，据考证这就是渤海早期王族和贵族的陵寝墓群。

两个山坳里的古墓都选择在靠山向阳的地方，其中西山坳呈三角形，较为狭窄；东山坳呈凹字形，地势平缓开阔。墓群北倚六顶山，前临牡丹江，青山秀水集于一体，实为一建陵的风水宝地，因而古籍上称之为“珍陵”。这些墓群都是用玄武岩、火山岩层层垒起或以不规则的块石堆砌而成，可以分为石室墓、石棺墓和封土土坑墓三种，以石室墓为最多。部分墓葬至今外观仍然保存完好。六顶山墓群是全国二十六大古墓之一，国家重点文物保护单位。

六顶山墓群中以贞惠公主墓最为著名。墓主是渤海国第三代国主文王大钦茂的次女，她死于公元777年，停柩待葬三年，终于在公元780年下葬。1949年8月，当地的启东中学以“勤工俭学”的名义到六顶山附近挖掘“珍宝”，不料

六顶山全景

竟无意中发现了贞惠公主墓。贞惠公主墓室修于地下，是一个深约 6 米、长宽约 3 米的正方形墓坑。墓室四壁用大小不等的熔岩和玄武岩石块砌成。墓底石砖铺地。墓室南壁中央还设有雨道和较长的墓道。据考古专家们判定，这种墓葬是渤海王室贵族墓葬所特有的。

随着贞惠公主墓的出土，一大批珍贵的文物也重见天日，如石狮雄雌各一尊、圭形墓志碑一方、鎏金圆帽铜钉，此外还有各种陶器、玉璧等。出土的两尊石狮，风格古朴雄浑，线条粗犷刚健，造型与雕刻手法与陕西唐昭陵、乾陵前的石狮十分相似。公主墓碑高 0.9 米，宽 0.49 米，厚为 0.29 米，刻于公元 780 年，出土时已经断裂为七块，后经过修复，人们在上面发现了清晰的碑文，共 21 行，总计 725 字，现在专家们能认出来的有 491 字，其内容大部分都是歌颂贞惠公主的骈体文。公主墓志虽然有较多的破损，但对于本来就缺少资料的渤海国研究来说，这无疑是相当重要的史料。墓文全篇用汉字书写，字体清秀挺拔，文体又是当时唐朝相当流行的骈体文，词藻华丽，用典准确。

贞惠公主墓志铭

六顶山石墓群出土的文物特别是贞惠公主墓的发现使许多渤海史研究中悬而未决的问题得以迎刃而解。它无可争辩地证明，六顶山古墓群确实为渤海前期王室和贵族的陵寝，从而证实了牡丹江上游敦化一带是渤海国旧国都城之所在。

六顶山古墓群自发掘以来已经屡次整修，并于 1961 年 3 月被国务院批准列为全国第一批重点文物保护单位。

贞惠公主墓碑的发现，进一步证明了渤海是通行汉字的。大祚荣在未建国之前，居住在唐代文化发达的营州地区，直接与汉人相处，受汉文化熏陶。渤海建国之后，通行汉字。从现存的渤海与唐王朝、日本天皇之间的往来国书、表、牒、状以及互相之间吟诗作赋，都是用汉文书写表达的。在渤海的所有古城址里，几乎都发现有戳印和刻划汉字的瓦砖和陶器。

渤海人通行汉字，自然也娴熟书法。从大量出土的文字陶器来看，刀法流利，笔锋劲拔，可见渤海国内制瓦烧砖的工匠也是有一定的书法基础的。贞惠公主墓碑碑文，字体端正，隽永耐赏，是渤海书法艺术的珍品。唐昭宗时，曾有渤海人高元固入唐参加贡试，他取道福建，并拜会了归隐莆田延寿溪的诗人徐夤，高元固告诉徐夤，他的诗赋在渤海很受欢迎，每每得到了他的作品，“皆以金书，列为屏障”。以书法作品来装饰屏风，可见渤海人有欣赏书法的风尚。

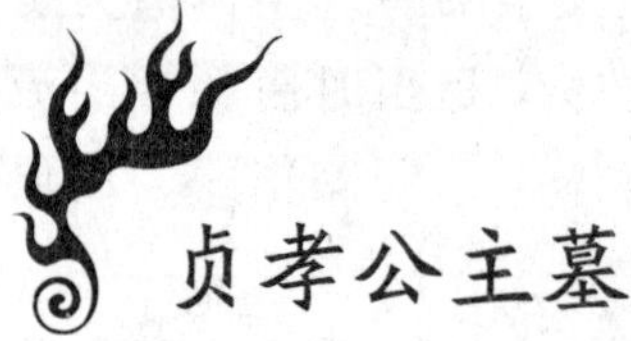

贞孝公主墓

1980年，延边博物馆又在和龙县龙水乡龙头山上发掘出了贞孝公主墓。贞孝公主是大钦茂第四女，卒于大兴五十六年夏六月九日，享年36岁。

龙头山山顶有一条由南向北延伸的漫岗，南高北低。山岗中部一小山岔由西向东伸展，其末端南坡是一块人工铲平的面积约2000平方米的小平台。贞孝公主墓就坐落在此平台的中央。

贞孝公主墓早年曾经被盗，遭到了轻微的破坏，但结构基本完整。贞孝公主墓室修于地表下4米深处，由墓室、墓门、甬道、墓道、地面塔五部分组成，全部由砖石构筑而成。墓室及甬道壁面和顶部皆抹白灰。墓壁以青砖砌筑而

成，上面用大石板平盖封顶。甬道两壁用砖砌，上也以石板平盖封顶。墓室棺床用砖砌成，墓室及甬道底皆铺有方砖。甬道内设石板门，用砖封堵墓口。墓道从南往北逐渐收缩成喇叭状，南高北低的阶梯式，有上、下两层，是分两次修的。从留下的建筑痕迹来看，正对墓室的顶部的地面，还有用青砖修筑的方形小塔，这应当是墓中的一处纪念性建筑。整个墓葬建筑得极为坚固，历经多年风霜岁月仍然保存的较为完好。

考古学者们在贞孝公主墓甬道后部铺地砖上面发现了竖立着的墓碑一座。这座墓碑较贞惠公主墓碑保存得完好，上面的内容基本清晰。这篇公主墓志，除了记叙公主生平外，悼词部分也相当的感人。它完全采用我国汉族墓志铭通行的体制，志用以双句为主的骈体文，多采用四六句式；铭文为六章，每章八句。铭文第六章中写道：“河水之畔，断山之边。夜台何晓，荒陇几年？森森古树，苍苍野烟。泉扃俄俄，空积凄然！”堪称一首绝妙的四言悼亡诗。

贞孝公主墓志铭

贞孝公主墓甬道后部东西壁和墓室的东、西、北三壁上绘有横排竖立的 12 个人物形象。从身份来看分别为侍从、内侍、乐伎、门卫。甬道左右壁各画门卫一人，面面相对，护卫公主的陵寝。室内东、西两壁各绘四人，北壁绘二人。东西两壁南数第一人均为侍卫。两个侍卫均作粉面朱唇，面庞丰满。西壁侍卫以后画乐伎三人，面南作行走侍立状。前一人细眉、短鼻小口，着红色袍，

双手抱一绿色花纹的赭色锦囊，从形状上看囊中之物形似拍板。第二人容貌与前者相同，身着深青色袍，双手抱一物，上披红巾，内饰绿色花纹，下露褐色长杆，杆子中部有红色带结，形状类似箜篌。第三人身着朱纹白色袍，双手抱一饰有黑色花纹的褐色锦囊，囊内之物，很像是琵琶。

东壁侍卫后三人，第一人着红袍，手捧黑色包裹。第二人着深青色长袍，内穿白色中单朱色内衣，手捧白色包袱。第三人着白袍，手捧红色包裹。北壁人物二，微相向而立。东侧者，身着紫色长袍，背弓囊，内有红弭弓；左腰际佩箭囊，装有多支红色箭。12 个人物均采用传统的铁线描画法，先以墨线画出轮廓，然后涂以朱、红、赭、青、绿、黑、白诸色染料，最后用墨笔勾成，线条流畅，色彩明丽，形象生动。武士横刀佩弓，内侍手捧包袱，有的抱锦囊，有的似持华盖，排列于墓室的东西北三壁，富有立体感和运动感。12 个人物，反映了公主生前锦衣玉食奢华生活的一个侧面。

壁画曾遭到盗墓人的毁坏和雨水风霜的侵蚀，有些地方已经脱落，可是至今基本上还能清晰地目睹壁画的全貌。总的看来，贞孝公主墓壁画具有浓厚的唐代人物画的风格。画家以写实的手法，用单线平涂的技巧，勾勒出人物丰满的脸颊，再加以工细的花纹、遒劲的线条、浓艳的着色，与唐画几乎完全一样。贞孝公主墓壁画，是相当完美的艺术珍品，也首次向人们展示了渤海人的艺术形象。贞孝公主墓因早年被盗，随葬品被洗劫一空，只是在盗洞、甬道和墓室内采集到陶俑面部残片 2 件，鎏金铜饰件、鎏金、铜帽钉 7 件，铁钉 7 件以及漆片、砖等遗物，有 3 块砖上刻有文字。

史书中有关渤海绘画的记载并不多。只能从中知道渤海国曾有人善画松石小景，渤海后裔中有善画马的。所以人们对渤海绘画的了解，主要还是来自于各种出土文物。

在已发现的渤海宫殿、寺庙、墓葬遗址里或多或少均有壁画残留，贞惠公主墓、贞孝公主墓就是其中的代表；和龙县河南屯出有金带饰的渤海墓，也有壁画残片；渤海都城上京龙泉府官署、寝殿遗址的残壁上亦见有彩绘图案的壁画残块。可见在渤海时代绘画艺术还是颇受欢迎的。

渤海乐舞

出土的贞孝公主墓的壁画，也反映了渤海音乐的发展情景。贞孝公主墓室两壁所画的十二人物图像中，有乐伎三人，各持一件乐器，有的似拍板，有的似箜篌，有的似琵琶，反映了渤海上层统治阶级对音乐舞蹈的爱好。

贞孝公主墓壁画

隋开皇初年，靺鞨使者来朝，隋文帝设宴款待他们，席间有乐伎歌女出来表演，渤海使者随之起舞，其舞姿刚健有力，颇有战斗之容。

在频繁的交往中，渤海的民族音乐、舞蹈，通过“日本道”流传到了日本。

公元740年，渤海使者史都蒙聘日，在日本天皇面前“奏本国乐”，以其强烈的民族性和精湛的技艺使日本官民耳目一新，引起他们浓厚的学习兴趣，派内雄等来渤海学习音乐，使渤海音乐在日本得到了广泛的传播，受到日本人民的喜爱。

渤海音乐舞蹈，不仅对当时的唐朝、日本，就是对后来的金国亦有很大的影响。金代曾设有专门传授渤海乐的教坊，以习渤海乐。辽金时期渤海乐在中原地区备受欢迎。《金史·乐志》记载：金朝宫廷礼乐“有散乐。有渤海乐。有本国旧音”。金章宗明昌六年（1195年）吸收渤海乐创设宫县乐，乐工256人，乐曲声中有文舞与武舞两队相伴。这是一种规模宏大的舞乐，“行大礼乃始用之”。宫廷乐工，“自明昌间，以渤海教坊兼习”。

渤海墓葬习俗

靺鞨人的丧葬习俗历来颇具特色。他们虽然像汉人一样，也实行土葬，但却不使用任何棺敛器具。《属部列传》曾描述过黑水靺鞨的丧俗：“死者穿地埋之，以身衬土，无棺敛之具，杀其乘马于尸前设祭。其酋曰大莫拂瞒咄。”

六顶山古墓群文保碑

“无棺敛之具”，是民风尚俭的表现而当然不是没有木材制棺敛，不用棺木，直接土葬，这与汉族的丧葬习俗就大不相同了。他们的殉葬方式也是较为独特的。马是当时的主要交通工具，所乘之马必是鞍鞨人心爱之物，杀马设祭正可以寄托人们的哀思。

许多汉人墓葬中都会使用到殉葬品。渤海人深受汉文化影响，所以应该也不会例外。从前面的记叙中我们已知道，渤海人不仅用死者生前心爱的马殉葬，还用猪殉葬来显示死者的财富，财富越多的，殉葬的猪就越多。但可惜的是，由于被盗，现在许多古墓里面已经空空如也，所以很难找到实物证据证明这个推测了。解放前，俄、日、美三国曾先后到各渤海古墓“考察”，也造成了渤海古墓遗物的极大损失。幸而近年来，一大批渤海古墓的发掘，为我们探究渤海丧葬习俗提供了不少新的资料。

六顶山二墓区

贞惠、贞孝两位公主都是渤海第三代王大钦茂的女儿，身份十分尊贵，她们的墓是典型的渤海皇家陵寝。而平民的墓葬当然不可能和王室贵族的一样。在渤海民间，使用的最

三灵坟墓道

多的，还是他们从靺鞨祖先那里继承而来的土葬。

渤海民间的丧葬仪式也较有特色。不同的季节，丧葬的仪式会有所不同。“其父母春夏死，立埋之，家上作屋，不令雨湿。若秋冬，以其尸捕貂，貂食其肉，寻得之……”春夏天热，尸体容易腐烂发臭，“立埋之”，马上入土合乎卫生。为了防止尸体腐烂，渤海人还会“家上作屋，不令雨湿”，可见他们对死者是相当尊敬的！

渤海较为偏僻的地带还有一些非常独特的丧葬方法。

兽葬　如果父母死在秋冬季节，渤海人就把他们的遗体割碎，作为诱饵来捕貂。这在汉族人看来，简直是大逆不道！“身体发肤，受之父母，不得毁伤”，在汉人中若死无全尸将是件非常凄惨的悲剧。更何况还要用父母的遗体来喂貂！这大概就是民族习俗的差异了。我国西藏也有“天葬”的习惯，人死后，曝尸于野外，让飞禽走兽叼食。笃信佛教的藏族人认为天葬是人生最后的施舍。同样信仰佛教的渤海人，是不是也是出于同样的理由选择了“兽

六顶山渤海墓葬

葬”呢？当然这只是猜测，目前尚无有力证据可以证明这一点。

树葬　在信仰萨满教的渤海人中间，还流行着一种“树葬”。萨满教认为这个世界分为三层：天堂是诸神所居住的上界，地面是人类所居住的中界，地域是鬼魔所居住的下界。萨满死后将成为神，要升往神仙居住的上界去。在当时生产力低下的情况下，树就是比较高的了。所以，在高高的树干上打洞为墓，就是上界了。据史书记载：“相传萨满之死，穿穴于树，葬尸其中，俗多效之……”树葬由萨满法师开始，信徒们纷纷仿效，遂相沿成习。不过这种葬法必须要找到高大粗壮的树干才行，所以只有在林区生活的渤海人才能办到。除了凿洞为墓，置棺于树墩上也是树葬的方式之一。“契丹之俗，死者不作冢墓，送入大山，置之树上。渤海之俗，间与之同。”人死更衣后，用柳条或松木作棺入殓；无棺木者则用白桦树皮将尸体包裹住。然后在林间选择几棵大树为桩，架起横木，再将棺木或包裹的尸体放在架上，任其腐朽。显然，这种树葬法需

要有茂密的森林。只有原始森林中的游猎民族才能做到。渤海人的这种丧葬方式，也一代一代沿袭下来，直到近代，居住在黑龙江的鄂温克族、鄂伦春族还在采用树葬的办法。

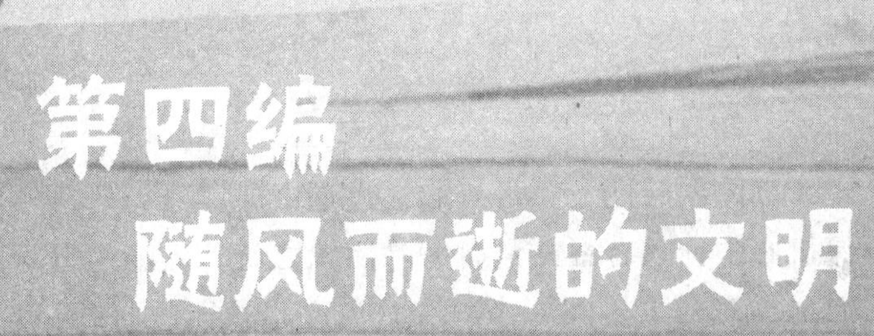

第四编 随风而逝的文明

一、渤海国的衰落

二、渤海国灭

三、短命的东丹国

四、花落归谁家

五、辽国时期的渤海城池

六、渤海遗风

饮食风尚

衣着时尚

渤海礼仪

婚俗

一、渤海的衰落

渤海国后期，契丹兴起，进逼中原。在契丹首领耶律阿保机心中，只有吞并渤海解除后顾之忧，才能南进中原。更何况渤海与契丹间原本就存在着“世仇”。阿保机对渤海觊觎已久。

此时的渤海早已步入了衰落期。早在第 3 世王大钦茂时，渤海开始了大兴土木，筑城池，建宫室。现在已发现的渤海时代的古城已达几十座。今宁安县渤海王城遗址，为第 11 世王大彝震所建，它模仿唐京师长安城，有高大的城墙，园林、亭榭、楼台、殿阁布满城内，消耗了大量的人力、物力和财力，加重了人民的负担。广大的农民、手工业者、部曲奴婢，由于统治者的苛税盘剥，过着如火如荼的生活，统治者和被统治者之间的矛盾日趋尖锐。贵族和官僚们为维护其特权，不断强化暴力机器，仅军队就由数万增加到数十万。在渤海当时的条件下，供养这样一支庞大的军队，使人民不堪承受，二者间矛盾更激化。

渤海上京龙泉府

契丹出猎图

渤海统治阶级内部的矛盾，也随着对外战争的结束日趋激烈。渤海后期的统治者，养成了安乐的习性，贵族、官僚日益腐化，过着骄奢淫逸的生活；他们根本没想过要重整纲纪，所关心的只是享乐和争权夺势。渤海统治集团内部争夺王权的斗争在大钦茂死后已突出地表现出来。他死后的一年多时间里，为争夺王位有过两场流血斗争，即先是大钦茂“族弟”大元义以武力夺得王位，并残酷地镇压反对者；另一方经过一年准备，杀了元义，为大钦茂孙大华屿夺回王位。第 10 世王大仁秀继位，也经历了一场类似的激烈争夺。

导致渤海加速衰落的另一个原因，是末王大諲撰继位后，其为人庸愚暗昧，统驭失宜，使渤海内部各种矛盾激化，于是统治集团上层又出现争夺王权的斗争。大諲撰虽然保住了王位，但渤海元气大伤，境内一片混乱，失败者纷纷出逃高丽。公元 925 年（辽天赞四年，高丽太祖八年）九月丙申，渤海将军申德等 500 人逃往高丽。三天后，又有礼部卿大和钧、均老、司政大元钧、工部卿大福謩、左右卫将军

大审理等，率民 100 户投奔高丽去了。十二月戊子，左首卫小将冒头干、检校开国男朴渔等，率民 1000 户投奔高丽。原属渤海控制的黑水、越喜、铁利、拂涅等部，纷纷脱离了渤海王朝的控制，又相继独立，这在客观上也削弱了渤海的势力。

整个渤海已经是处于外强中干、一触即倒的状态。而渤海的唯一靠山，唐朝中央政府已经灭亡，耶律阿保机感到进攻渤海时机已经成熟了。

二、渤海国灭

耶律阿保机在南面收服了奚族人，北方控制了室韦族后，加强了在辽东地区的实力，形成了一个强大的包围圈，使得渤海处于孤立的地位，切断渤海与南部中原和东部新罗的往来之路。

辽第一开国功臣耶律曷鲁，在阿保机的功臣中位列第一

◎辽代契丹武士像

公元 925 年，耶律阿保机西征凯旋，完成了进攻渤海的一切准备。阿保机御驾亲征，皇后、皇太子、皇次子皆从征。回鹘、新罗、吐蕃、党项、沙陀等亦派援军，形成了一支声势浩大的东征队伍。公元 926 年 2 月 14 日契丹大军夜围渤海西部边防重镇扶余（今扶余县伯都古城），经过激战于 2 月 17 日占领了扶余府，扶余府的守将被诛，初战大捷。

先后不到 15 天，契丹人又以迅雷之势攻破渤海首都。渤海国末代王大諲撰，“素服缟索牵羊，率僚属三百余人出降”。大諲撰被契丹人软禁。渤海世子大光显及将军申德率领余部投奔高丽求援，企图收复失地，但终于失败。

历时 200 多年，传位 15 世的渤海国至此灭亡。

世傳東丹王是也

三、短命的东丹国

公元 926 年的 2 月 29 日，辽太祖耶律阿保机改渤海国为东丹国，忽汗城为天福城。册封皇太子耶律倍为人皇大相，渤海司徒大素贤为左次相，耶律羽之为右次相，统治东丹国。所谓“东丹”与契丹有对称之义，即东契丹之意。

辽太祖耶律阿保机征服渤海建东丹后，于公元 926 年 5 月班师回上京临潢府。7 月，阿保机突然病故，萧太后“权决军国事”。这一变故使东丹国发生了一系列事变。当时居于天福城的皇太子东丹国王耶律倍闻听父王病故竟自离城奔丧。在外督军征讨的契丹大元帅耶律倍之弟耶律德光亦自奔丧而归上京临潢府。名为奔丧，实则争位。由于皇太后偏爱次子耶律德光，耶律倍只好让位于他。耶律德光为天皇王，继帝位，是为辽太宗。耶律倍不得立，怏怏不快，带领数百人奔后唐，为巡逻士兵遏止。后被萧太后所知，但也没有问罪，被留居上京临潢府，实际上被软禁起来。

东丹政权自建立之日起，国内就充满矛盾和斗争，渤海国遗民的顽强反抗一直没有停止。在契丹攻破渤海王城，渤

《东丹王出行图》

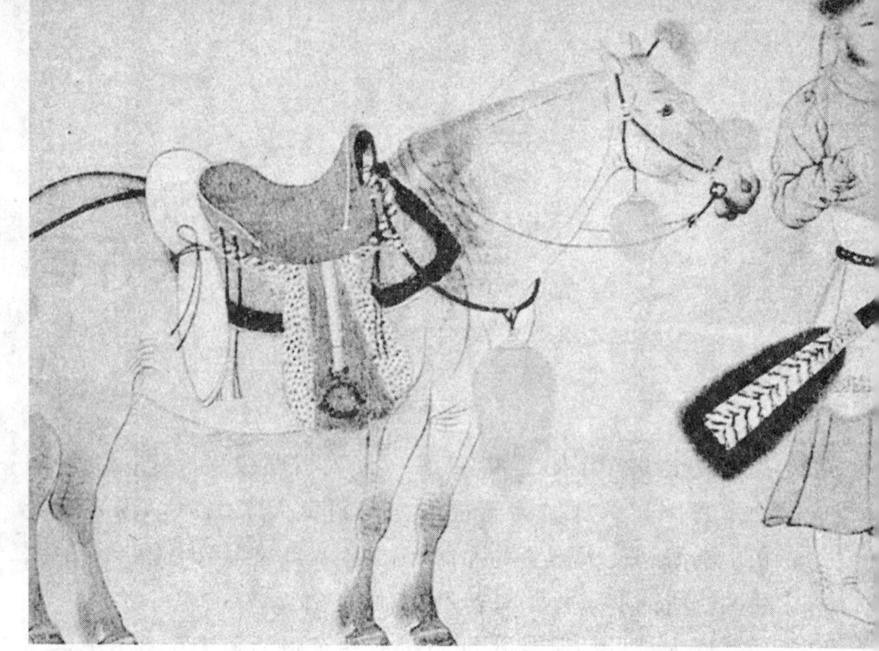

《射骑图》，李赞华画。李赞华(原契丹名为耶律倍)，辽代开国皇帝耶律阿保机长子，封东丹王，投后唐明宗，赐姓名李赞华，擅画契丹人物

海王大諲撰素服请降时，渤海国遗民就曾钉死契丹入城索兵器者，迫使渤海王大諲撰降而复叛。东丹建国不久，渤海不少府州的军民就树起反抗旗帜，渤海王族残余势力也在扶余城及其长岭府等地抗击契丹占领者。这一切都给契丹统治者以有力打击。在这种情况下，忠于辽太宗的东丹右次相耶律羽之上表建议东丹南迁。太宗即位后顾东丹地远难制，又虑耶律倍觊觎其位。而且据《辽史》记载，太祖耶律阿保机在离开天福城时曾说："此地濒海，非可久居，留汝扶治，以见朕爱民之心。"于是，公元 928 年，辽太宗诏令南迁东丹于东平（即今辽阳一带）。

东丹国南迁，实际上是渤海遗民大迁徙，渤海各州县，也随之俱迁。这样大规模举国南迁是强行的。据史载，契丹灭渤海得其 103 城，大都在南迁中遭到破坏，而王都忽汗城（天福城）的废毁最具代表性。契丹统治者为强迁其民不惜焚毁王都宫殿、宗庙，以断绝渤海人对故土的留恋。渤海国在 229 年中创造的文明与文化随着南迁而灭亡，为后人留下了千古之谜。多年来渤海国上京龙泉府遗址的清理和发掘，

宫殿、寺庙、官衙、宅邸以及其他建筑遗址，均发现许多被烈火烧焦的砖、瓦、泥土和石材，甚至一些砖瓦、泥土和石块被烈火烧焦粘在一起；墙壁、路石、柱础都被大火烧烤而碎裂残断，由此可见当时火势之猛烈。

公元 982 年，辽迁划东丹归东京道管辖，早已名存实亡的东丹国，至此灭亡，前后共存 57 年。

四、花落归谁家？

渤海国的文化也在政体瓦解之后突然灰飞烟灭。其主要原因是因为渤海国文籍院所在地——上京龙泉府被大火焚毁了，渤海国的史料也在这场大火中完全灰飞烟灭了。

渤海国灭亡后，其中心地区也在不久后几乎成为无人之境。之所以出现这样的情况，一方面也是因为契丹强行地将渤海人迁往他地，一方面则是因为很多渤海人不愿接受契丹人统治，所以成批成批地外逃了。

契丹人强迫渤海人迁离故土，主要有两次：一次是在阿保机攻下扶余府和忽汗城后，将渤海大氏王族和战争中俘获的军民迁到辽上京临潢府周围；第二次是公元 928 年（辽天显三年）东丹国都南迁，大批渤海人随同被迁至以辽阳为中心的辽东一带地区。经过这两次大迁徙，渤海五京十五府的居民大多数已经不在原住地。根据学者的统计和研究，渤海国遗民绝大部分迁徙到了中国东北的契丹、女真、汉族

辽壁画《驭者引马》

㊉契丹王子

等地区，并于金元时期和各族一起融合于汉族。渤海国于公元926年亡于契丹时，总人口为10余万户，约70万人。经过了辽太祖耶律阿保机和太宗耶律德光等的历次迁徙，渤海人共迁中国辽东、辽西和东蒙地区达10万户以上，占渤海遗民“十余万户”的绝大部分。

上京龙泉府居民一部分被迁到辽临潢府西，即今内蒙古自治区巴林左旗境，大部分则被迁至今辽宁省辽阳市及附近地区；中京显德府居民少数远移至夕老哈河流域，多数被分散在包括北镇县在内的今沈阳市与辽阳市一带；东京龙原府的渤海人被迁到今辽宁省凤城县附近；南京南海府民被移居以今海城市为中心的营口市至鞍山市地区；西京鸭禄府被俘者被迁到辽临潢府南；扶余府被俘者被迁至临潢府西；鄚颉府民部分迁到今辽宁省昌图县西北；定

㊉渤海国旧址附近民居

理、安边二府居民被南徙今沈阳市及其以北地区；率宾府部分居民被分别迁往辽宁省盖县和北镇县境；东平府民被分散至辽宁省新民、开原、康平等县一带；铁利府部分居民被迁至辽上京西北和今西拉木伦河附近、长春市北、沈阳市西南的浑河北；怀远和安远二府民被移居今铁岭市及辽河上游地区、吉林省浑江市北。迁至这些地方的渤海人，大约有 9 万多户，共 47 万人。他们走后，只剩下大约 2 万户 10 万渤海人留在了故地。这些渤海人迁徙当地后，和契丹、女真尤其是汉族杂居，到金朝时候就完全同于汉人了。而到元朝时，渤海人已经被列为“汉人八种之一”。

外逃的渤海人也主要是投奔高丽、女真和中原等地区。自渤海国亡后到公元 938 年（高丽太祖二十一年），先后投奔高丽的渤海人大概有 10 批，约数万户，总人数达到 10 万多人。此后，在高丽景宗、显宗、德宗、文宗、睿宗诸朝，也不断有大批渤海人投奔至高丽。其中人数最多的一年是公元 979 年(高丽景宗四年)，有大约 1 万多渤海人投奔至高丽；批数最多的一年则是公元 1032 年（高丽德宗元年），共 7 批；最后一批是在公元 1117 年（高丽睿宗十二年）正月，共 52 人投奔至高丽。由此可见，几乎在整个辽朝，都不断有渤海人受不了契丹人的暴力统治逃投高丽。这批投奔至高丽境内的渤海人，除了少数在辽统和年间辽对高丽的战争中被辽俘掠，又回到今鸭绿江以西居住外，多数逐渐融入了高丽民族中。

逃入女真和中原地区的渤海人究竟有多少，现在已经无法计算。史书上只大概记载了三批投奔中原的渤海人。第一批在公元 954 年（后周显德元年），乌思罗等率 30 人投后周；第二批在公元 979 年（宋太平兴国四年），有酋帅大驾河率小校李勋等 16 人、部族 300 骑投归北宋；第三批在公元 986 年（辽统和四年），“渤海小校贯海等叛入于宋”。

逃入女真地区的，史书并没有具体的数字，但是《辽史》上说渤海人在被迫南迁时，“或亡新罗（即高丽）、女真”，所以，即使没有逃往高丽的人数多，但据专家们推测，也至少有 1 万人左右。尤其在公元 1114 年女真首领阿骨打

起兵反辽后，对渤海人在用武力兼并的同时，又以“女真、渤海本同一家”为号召招抚他们，于是渤海人纷纷倒戈，向女真人投降。女真贵族还将他们编为渤海军，从此，渤海军跟随着女真人转战各地，为金国的建立作出了不少贡献。金中期以后，分散在金统治区内的渤海人，逐渐与女真人融合；在金亡以后，大多融合于汉族。

五、辽国时期的渤海城池

辽灭渤海国后，成批的渤海大族被迁到契丹本土建州立城以居之。不久又大批被强行迁往辽东，渤海族迁到这里后，承用了当地汉人与高丽以往修建的府州城镇，很少新建城邑，然而在东北西部（包括契丹内地）发现了辽金时期渤海人营建和居住的城镇。

据《辽史》记载，上京道的祖州、怀州、饶州和中京一带约十余个州县都有渤海人居住或因迁渤海人户至此而建。其中饶州治所长乐县，为“太祖伐渤海，迁其民，建县居之。户四千，内一千户纳铁”。据辽宁省考古工作者们发现，内蒙古林西县西樱桃沟古城址内出土了不少具有浓郁的渤海国特色的莲瓣纹瓦当和螭头等建筑物残余，此城很有可能就是当年渤海迁户修筑的辽饶州治所长乐县的旧址。

饶州城址坐落在西拉木伦河之北的河岸台地上，城后是

渤海城池废墟

高山，依山傍水。城址由大小两个相连的城组成，东部是主城，西部为附城，整体呈规整的长方形，东西大城长 1055 米，小城长 345 米，南北皆宽 700 米，西城的面积约是东城的 1/3。城内建筑布局，大型建筑物都集中在大城和小城的北部，应是衙署与统治阶层的府邸；大城南部分布了许多小型建筑址，可能是居民区；小城南部是一处规模较大的冶炼址，这印证了《辽史·地理志》关于长乐县渤海族 4000 户居民中有 1000 为纳铁户的记载。

居住在饶州城的渤海人仍在一定程度上保留着本族的传统习俗，但时间的推移与环境的变迁促使渤海族的习俗也发生了明显的变化。与唐代渤海上京龙泉府的建筑习俗相比较，饶州城亦有瓮城、马面、护城河。城内布局规整，讲求对称，城内有两条大道，一是横贯大小二城的东西向大道，宽达十余米；一是大城中部有一条连接南北城门的大道，与东西向大道在城中心交叉，形成“十”字形街，将大城分成大致相等的四部分。重要建筑也铺琉璃瓦，除了黄绿色的之外还有深绿色的；建筑使用的木柱下仍习惯用柱础石，但其形状则由圆形变为以方形为主；瓦当的图案，除了传统的图案状莲瓣纹，又出现了两种开放形莲瓣纹，并采用辽代遗址中常见的兽面瓦当。

渤海瓦砾

六、渤海遗风

饮食风尚

渤海人喜食猪肉，早在肃慎时期，就已经善养猪，食其肉。到渤海时期，饮食已经很讲究。我们前面也提到过，渤海临海，湖泊众多，所以鱼虾螃蟹等水产品正是渤海饮食的一大特色。《辽史》中有对渤海节令食品的记载：“五月重五日，君臣宴乐，渤海膳夫进艾糕。”看来，渤海国也是过端午节的。渤海国端午节要食艾糕，喝大黄汤。但艾糕和汉族吃的粽子有不同。粽子是用粽叶裹住糯米蒸煮成的食物，一般是三角形，艾糕却是用艾蒿叶与糯米面做成，这就很有渤海的风味了。大黄汤的原料则已无从考证。

上京龙泉府附近的稻田

衣着时尚

靺鞨先民衣着简陋，以猪狗皮为衣。史书里还记载："肃慎氏一名挹娄……俗皆编发，以布做襜，径尺余，以蔽前后。""襜"是一种很简陋的衣服，只能勉强遮住胸前背后。这时候，渤海人可以说还没有像样的衣服。直到隋朝开皇年间，靺鞨人迁至营州等地后，"与边人往来，悦中国风俗，请被衣冠"，他们的服饰渐渐汉化了。我们从贞孝公主墓壁画上看到的靺鞨上层人物，衣着服饰已经与中原人没有什么区别。他们身着圆领长袍，腰系皮带，足蹬黑靴，俨然一副士大夫形象，妇女则"粉面朱唇"、"梳舍"、"戴红披首"。此时的渤海人已经彻底与"以人溺洗手面"的"臭秽不洁"的时代告别。辽金时期渤海人日益与汉人趋同，金末元初渤海人几乎完全以汉人的习俗取代本族习俗。

另一方面，辽代渤海人穿着契丹服饰的现象也屡见不鲜。如"渤海首领大舍利高模翰兵，步骑万余人，并髡发左衽，窃为契丹之饰"。显然这是一支契丹人装束的渤海人组成的军队。

渤海礼仪

渤海国盛时号称"海东盛国"，自然也是礼仪之邦。亡国后，其礼乐为辽金王朝所承用。《辽史》记载了所谓的"渤海仗"："天显四年（929年），太宗幸辽阳府，人皇王备乘舆羽卫以迎。乾亨五年（983年），圣宗东巡，东京留守具仪卫迎车驾。此故渤海仪卫也。"可见，渤海仪卫有乘舆、羽卫等物，仅用于东丹王或驻守东京的地方官，以示其为渤

海人的首脑。由此推知，渤海国当年国王出巡仪卫是何等的威武了。

婚俗

渤海人的婚恋习俗非常有特色，他们可以称得上是现代一夫一妻婚姻制度的先驱。迄今所发现的渤海族墓葬中，凡男女合葬墓均为一男一女，无一男多女的例证。这足以说明了渤海社会实行的是严格的一夫一妻制的专偶制婚姻形态。

大概因为实行一夫一妻制，所以渤海女性的家庭地位与社会地位和同时期女子相比高出了许多。史书上曾经记载，渤海已婚女子以结为姐妹的方式团结起来监视那些丈夫。如果丈夫有了外遇，则不惜毒死外遇的对象；如果结拜的姐妹里，有人的老公出墙，而姐妹自己还没发现，那么其他的女子就会替这个姐妹出头教训那个丈夫。在渤海的风俗里，妻子的嫉妒并不是件丑事，妻子们往往以忌嫉相夸。所以契丹、女真等国皆有妓女存在，一个家里还有小妇侍婢，唯独渤海没有这些第三者的踪迹。

渤海女子的果敢行为，也深深地影响到了周边中土北方地区以至后代的女性同胞。在包括渤海族的众多少数民族风俗浸染下成长的北方女子，往往较南方有更为独立的社会姿态：在内，可以管家；出外，一样主持门户，发挥才能。近来更有学者认为，武则天之所以能够纵横天下数十年，与她身为北方女子的果敢豪放性情是分不开的。

渤海人令人钦服的地方，不仅在于他们实行一夫一妻制，还在于他们盛行“自由恋爱”。史书说挹娄人“将嫁娶，男以毛羽插其头，女和则持归，然后致聘礼”。挹娄族，是渤海人的祖先。挹娄男子到了适婚年龄后，求偶时只需将羽毛插在自己的头上，等到哪个女子看上了他，就会拔下他头上的羽毛。一枝羽毛订终身了，这样的婚恋方式看上去虽然

简陋了些，但至少也是一种自由选择。进入勿吉时期，男女婚配方式仍然是自由选择，但这个时候的婚礼稍稍“隆重”了一点，男子要穿上猪皮做的衣服，女子则穿上布裙，“初婚之夜，男就女家，执女乳为定，乃为夫妇”。总而言之，在渤海的前期阶段，婚恋虽然简单粗糙，但他们却是自由结合，“执子之手，与子偕老”，比起那些父母之命媒妁之言可结婚前连面都没见过的夫妻来，实在是要幸福多了。

渤海文明水平的提高，使渤海人在许多方面都有了很大的改变，但他们自由恋爱的风尚依然保持了下来。其中最有趣的莫过于渤海青年男女中盛行的“抢婚”了！

到了辽朝时期，居住在北方渤海遗民中，有一个名为“兀惹”的部族，从他们身上依稀还能够发现当年渤海国婚恋习俗的踪迹。《契丹国志》记载：“热国（即兀惹）地近混同江（今松花江）”，“部落杂处，以其族类之长为千户，统之契丹。女真贵游子弟及富家儿，月夕被酒，则相率携尊驰马，戏饮其地。妇女闻其至，多聚观之，闻令侍坐，与之酒则饮，亦有起舞歌讴以侑觞者。邂逅相契，调谑往返，即载以归，不为所顾者至追逐马足，不远数里。其携去者，父母皆不问。留数岁有子，始具茶食酒数车归宁，谓之‘拜门’，因执子婿之礼。其俗谓男女自媒，胜于纳币而婚者。”

渤海妇女可与陌生男子同桌共饮，乃至深夜结伴游玩，这就表明了当时渤海族青年男女间的交往是相当自由的。青年男女自由交往，才有生发爱情的可能。一旦他们定情后，男子就可以不征求女方家长的意见，任意把女方带回家去做自己的妻子了。这种结婚的方式虽然被称为“抢婚”，但是这里的“抢”显然并非明刀真枪的去抢，而只是民间百姓都心照不宣的一种结婚仪式，因为女子被“抢”后，父母并不担心她们的“失踪”，父母们气定神闲地坐在家里等着女儿生了孩子后回门拜望，他们和天底下别的嫁女儿的父母差别不大，只不过他们直到这个时候才知道自己的女婿是谁。

由于不需要得到第三者如父母之辈的同意，就好像是男子从别家“抢”人一般，所以才被安了个耸人听闻的“抢

婚”的名字吧？这类现象在渤海人聚居区的东京辽阳府一带尤为突出。不少汉人文献指责渤海人的抢婚制，认为这不合理法，其实不过是各地风俗不同而产生的偏见罢了。对于渤海人自己来说，他们是非常珍视这一传统的。“其俗谓男女自媒，胜于纳币而婚者”。这种婚姻不仅得到男女双方父母的承认，也得到渤海社会舆论的认可。相对于那个时代其他地区以身份门第、财产多寡来定姻缘的做法，渤海的传统无疑是人道得多了。

辽金时期，随着渤海族与外族通婚的现象越来越普遍，具有原始遗风的严格的专偶婚制首先在族际通婚中被破坏了。一些渤海女子成为契丹、女真统治民族的侧室、小妾。渤海的上层贵族就常常为了政治利益与契丹、女真贵族通婚。辽代，不仅有不少渤海大族女子被选进皇宫纳为嫔妃，也有契丹公主下嫁渤海世家大族。金初太祖天辅年间，朝廷特地挑选出渤海贵族女子中有姿色和品德的，送到京师，嫁与女真亲王为妃，女真皇帝自己也经常纳渤海女子为妃。渤海人在长期的与外族通婚中慢慢被同化了。

渤海原有的婚俗开始不断地遭到破坏。终于，在大定十七年十二月，金世宗以无视礼法为名，下诏严令禁止了反映自由恋爱的抢婚习俗，要求渤海人按照女真族的方式来进行婚配，但渤海人却一时很难接受契丹、女真族的婚姻习俗。金世宗的父亲完颜宗辅去世后，按照女真族的风俗，女子守寡后，与丈夫同一族的男子可以将她接过来做自己的妻子。世宗的母亲李氏是个渤海人，由于不愿被迫再嫁给别的男子，性子刚烈的李氏竟然出家削发为尼！

但到了金朝后期，渤海人与其他民族尤其是汉族通婚的现象更多了，渤海族各方面习俗都日趋于汉化，那曾经“只羡鸳鸯不羡仙”的渤海人也渐渐地抛弃本民族的传统婚俗，而与汉族无异了。

辽金时期渤海族由于生活环境发生重大变化，长期与汉、契丹、女真等族杂居相处，尤其受高度发展的汉族封建文化的强烈影响，社会经济迅速发展，民族习俗出现了显著的变化。如果说在辽朝和金前期渤海人的经济、社会、信仰、游艺等习俗还保留某些本民族的传统特征，到了金朝后期渤海族的习俗多已汉化，本族习俗所剩无几。民俗是一个民族存在的重要标志之一，当渤海人基本以他族的习俗取代本族的习俗时，这个民族就不复存在了。所以，元代后，渤海人便不再见于史书记载。

后记　渤海国，渤海人

从上京龙泉府到敖东城，从肃慎族到东丹国，从“朝贡道”到“沧波路”，从文学到宗教，从婚礼到葬礼，我们这趟游历可谓丰富多彩惊喜连连。沉寂千年后文化穿透了历史发声。国家可以征服，城池可以烧毁，民族可以同化，记忆却留了下来。如果说，对每个人而言，死亡都是无法避免的，那么记忆就是人最可宝贵的东西，记住别人，也被别人记住；那么，对一个民族一个国家来说，历史就是最重要的了，因为从某种程度来看，历史就是一个民族一个国家的集体记忆。

除了历史书上少得可怜的语焉不详的记载，除了杂草中的断壁颓垣和一座又一座不知名的墓葬，渤海国究竟还留下了些什么？也许，你会觉得这个问题太过于空泛，甚至，直接指向了虚无。事实上，我们想问的是，渤海国给你留下了什么？渤海国用什么打动了你？

是仅仅历时200年就建立起来的辉煌文明吗？一个住地穴、穿兽皮、用尿洗手的民族，在短短200年内就可以进化到与当时世界上最先进文明比肩的程度，这几乎是人类进化史上的一个奇迹。站在那曾被誉为“小长安”的占地广袤的上京龙泉府废墟遗址上，我们感到的是一个弱小民族强悍坚忍的旺盛的生命力。因为只有这样的人，才能创造出这样的

奇迹。

文明辉煌的幕布后，密密匝匝是那些普通人的身影。无数的人民构成了文明的础石。《松漠纪闻》中有对渤海民族性格的评价："男子多智谋、骁勇出他国右，至有三人渤海当一虎之语。"但这似乎算不上是全面的概括。当游览上京城、走在朱雀大街上时，我们看到的是渤海"勇士"的聪颖和好学；当僧人贞素为了不负友人所托辗转颠沛于山林湖海最终葬身大海时，我们所感受到的是渤海人的重情重义的一面；当读到才华横溢的杨泰师所作的《夜听捣衣诗》时，我们才发现原来这些"骁勇"的渤海人也有多愁善感的时候。

渤海国的文明可赞可叹，渤海人的精神可敬可爱，历史是人创造的，人的因素才是历史中最重要的因素，渤海人勤劳勇敢、坚毅忠贞、聪颖好学的精神就是渤海国留下来的最可宝贵的东西！当然，除了精神之外，或许还有些别的什么。渤海国灭了，渤海文明也没能保留下来。渤海的后裔们带着先祖的血脉背井离乡，最后，也大部分都融入了其他民族中。但不可否认的是，渤海人是历史上中华民族的一部分，渤海人的血液也是今天中华民族血液的来源之一！

附　录

渤海国大事记

698 年——大祚荣自立为震国王，渤海建国。遣使通突厥。

705 年——唐王朝遣侍御史张行岌招慰。大祚荣接受唐王朝招慰，遣子大门艺赴唐王朝入侍。

711 年——大祚荣遣使贡方物于唐。

713 年——唐王朝遣郎将崔䜣摄鸿胪卿拜大祚荣为左骁卫员外大将军，渤海郡王加授忽汗州都督，去靺鞨号，专称渤海。大祚荣遣使入唐，请就市交易入寺礼拜。

714 年——崔䜣还唐。途中于旅顺黄金山凿井留记。

719 年——大祚荣薨，唐遣使册大武艺袭王位。唐置平卢节度使，治所在营州。

725 年——遣乌借芝蒙贺唐正旦。遣首领谒德朝唐。遣弟大昌勃价朝唐。黑水靺鞨朝唐。

726 年——遣大都利行朝唐。遣子大义信朝唐。唐于黑水靺鞨置黑水都督府，置长史。大武艺遣大门艺任雅领兵击黑水靺鞨。不久遣大壹夏代门艺。门艺奔唐。大武艺遣使朝唐，请诛门艺。唐不许遣使谕旨。

727 年——遣李尽彦朝唐。遣大宝方朝唐。遣高仁等通聘日本，仅高齐德等八人抵日廷，大昌勃价自唐王朝回渤海。

728 年——遣使朝唐。高齐德同日本使者抵渤海。大都利行卒于唐护丧归。

732 年——遣张文休攻打唐登州，杀刺史韦俊。

733 年——大武艺遣刺客刺大门艺，未中。遣大诚庆朝唐，大武艺上表悔过。

738 年——唐遣使册大钦茂袭王。遣使朝唐请写《汉书》、《三国志》、《晋书》、《十六国春秋》。

741 年——遣使朝唐，进贡鹰鹘。唐以安禄山为营州都督，兼平卢军，兼押渤海黑水等四府经略使。

755 年——移都上京龙泉府。唐加王特进。冬，唐王朝发生安禄山之乱。

756 年秋——唐平卢留后徐归道遣叛官张元涧来征兵马，未许。

759 年——杨承庆同日本入唐使高元度来。大钦茂遣杨方庆同高元度入唐。遣高南申使日本。

761 年——日本遣伊吉益麻吕通聘渤海。唐设平卢淄青节度使驻青州。

762 年——唐诏以渤海为国进封王为国王。遣王新福通聘日本。

766 年——唐加大钦茂司空兼太尉。

785 年——移都东京龙原府。

794 年——遣大清允朝唐。元义立，是为废王。华玙立，还都上京。

795 年——唐遣使册封嵩璘。遣使聘日本。遣使朝唐。

809 年——遣高和谷通聘日本。华玙薨，唐遣使册王子元瑜嗣王。

813 年——唐遣使册定王弟言义嗣王。王子及辛文德等朝唐。

814 年——遣使朝唐献金银佛像。遣王孝廉、高景秀通聘日本。

818 年——遣使朝唐。唐遣使册简王从父仁秀为王。通聘日本。

826 年——正月遣使朝唐。日本约 12 年通聘一次。

830 年——宣王薨。大仁秀时南定新罗北伐海北诸部，开大境宇，国势很盛。十二月遣使朝唐告哀。

831 年——唐遣使册彝震为王。十二月遣使朝唐。

833 年——遣使朝唐。解楚卿、赵孝明、刘宝俊随使赴唐都留学。留学生李居正、朱承明、高寿海自唐王朝学成归国。

836 年——六月运熟铜至唐交易。遣使朝唐，随行学生 16 人。

858 年——二月唐遣使册彝震弟虔晃为王。冬遣使聘日。

871 年——虔晃薨。冬遣使聘日。

882 年——冬遣文籍院少监裴颋等 105 人通聘日本。

893 年——玄锡薨。遣使赴唐告哀。

894 年——唐册封玮瑎。冬遣裴颋通聘日本。

906 年——玮瑎薨，諲撰嗣立。

907 年——四月唐亡，朱温建梁。五月遣王子大昭顺贡海东物产于梁。冬遣使聘日。

915 年——契丹辖底携其儿子来投，不久夺良马逃走。

921 年——二月属部达姑众攻新罗，为高丽兵击败。

923 年——梁灭。后唐立。

924 年——遣使朝唐。五月攻契丹辽州。七月耶律阿保机攻渤海。

925 年——遣使朝唐。遣使通聘新罗。十二月辽太祖耶律阿保机率兵并新罗、回鹘、吐蕃、党项沙陀兵围扶余府。

926 年——遣使朝唐。正月辽攻陷扶余，进而围上京，大諲撰投降。二月改渤海为东丹国，七月迁于临潢府，凡百有三城皆为辽占据，渤海亡。